ewigen Winters
Trollwiese
Schlittenstadt

WULLEMUCK

Ein Wichtel auf Weihnachtsreise

Carolin Jelden

WULLEMUCK

EIN WICHTEL AUF WEIHNACHTSREISE

Mit Bildern von Martina Brancato

CARLSEN

INHALT

Es ist die Zeit der Geschichten,
die Zeit der Magie,
wenn Wichtel uns nah sind, so nah wie noch nie.
Wenn Kinder auf weite Reisen geh'n,
um das Land des Ewigen Winters zu seh'n,
mit weißen Tälern, hohen Bergen,
Hexen, Trollen, Wurzelzwergen ...
Ein wanderndes Dorf,
das befindet sich dort,
und vielleicht reist auch DU mal an diesen Ort.
Niemals, kann nicht sein – hast du grade gedacht?
Doch, doch.
Es ist die Weihnacht,
die's möglich macht.

Aus: *Es ist die Weihnacht* von Magnus Monk,
Weihnachtsdichter aus dem Wandernden Dorf

Die Fahrt nach Norden

„Können wir jetzt endlich los?“ Papa trommelte mit seinen Fingern ungeduldig auf dem Lenkrad herum, aber Mama schüttelte den Kopf.

„Nein, mein Schlüssel ist weg! Ich verstehe das nicht.“ Sie wühlte hektisch in ihrer Handtasche herum. „Wo ist er denn?“

„Vielleicht in einer anderen Tasche?“, fragte Papa.

„In der schwarzen? Ja. Ja, das könnte sein“, sagte Mama und stieg wieder aus dem Auto.

Papa atmete tief ein und sah hinauf zu dem Baum mit den kahlen Ästen, von dem hier und da die Regentropfen der vergangenen Nacht herunterfielen.

„Ich will nicht zu dieser Tante“, sagte Ole mit finsterer Miene. Er sagte das nun zum siebten Mal, aber es half nichts. Kaum war er von der Schule nach Hause gekommen, hatte er auch schon im gepackten Auto Platz nehmen müssen. Neben ihm saß seine Schwester Linni, die zwei Jahre jünger war als er und in die zweite Klasse ging. Sie trug eine viel zu große Wollmütze mit einem flauschigen Bommel und zerrte gerade ein Kuscheltier nach dem

anderen aus ihrem Rucksack, um zu überprüfen, ob alle wichtigen Tiere dabei waren.

„Wo ist Glöckchen? Glöckchen! Ah ... da bist du ja.“ Sie schloss ein kleines Rentier in die Arme, das einen rot-weiß gestreiften Schal um den Hals gewickelt hatte. An dem weichen Geweih hingen silberne Glöckchen, die bei jeder Bewegung bimmelten. Aber noch mehr als diese Bimmelei nervte Ole, dass sie an diesem Wochenende zu ihrer Großtante Alva fahren mussten.

„Ich kenne die gar nicht“, schimpfte Ole.

„Doch, wir haben sie schon mal getroffen“, sagte Papa. „Ein-, zweimal ... aber das ist schon eine Weile her.“

„Eben! Das ist so lange her, dass ich mich gar nicht mehr erinnern kann. Also warum müssen wir da hin?“ Ole verschränkte die Arme vor der Brust und sein Gesicht verschwand in der Kapuze seines Pullis. „Finn geht morgen ins Stadion und ich ... ich muss bei so einer alten Tante herumsitzen. Hat die überhaupt einen Fernseher?“

„Ole, bitte!“ Papa drehte sich verärgert um. „Alva hat uns schon so oft gefragt, ob wir sie mal besuchen. Und immer haben wir es verschoben, weil irgendwas dazwischenkam. Aber jetzt, am ersten Adventswochenende, ist es doch ein schöner Ausflug! Eigentlich. Wenn endlich alle im Auto sitzen und mit dem Schimpfen aufhören.“

„Ich schimpfe nicht“, sagte Linni und ließ ihr bimmelndes Rentier gut gelaunt zu ihrem Bruder springen.

Ole hob schnell die Hand, um zu verhindern, dass es auf seinem Knie landete. „Aber was sollen wir denn da machen?"
Papa seufzte und zählte auf: „Also, wir können auf den Weihnachtsmarkt, wir können in den Wald, wir können Lebkuchen essen – Tante Alva macht nämlich die besten Lebkuchen der Welt: viereckig, mit einem goldenen Stern auf der Schokolade. Und wenn es schneit, können wir Schlitten fahren."
„Oh ja, Schlitten fahren!", rief Linni. „Ich will Schlitten fahren. Hat Tante Alva einen Schlitten?"
„Tante Alva hat alles, glaubt mir. In ihrem Haus gibt es viel zu entdecken, das wird euch gefallen." Papa machte eine Pause und räusperte sich. „Aber ... ähm ... ihre Geschichten müsst ihr nicht alle glauben. Bitte."
„Welche Geschichten?", fragte Ole.
„Na ja ... Geschichten eben. Von dem, was in ihrem Haus und um ihr Haus herum so alles lebt."
„Was?" Ole und Linni sahen sich verwirrt an, aber sie konnten nicht weiterfragen, denn Mama stieg nun wieder ins Auto und zeigte allen erleichtert ihren Schlüssel.
„Ich hab ihn! Wir können los."
„Na endlich." Papa startete den Wagen.
Sie fuhren ein Stück die Straße entlang, aber an der ersten Kreuzung beugte Ole sich nach vorn. „Jetzt erzähl schon, Papa, was lebt da in dem Haus von Tante Alva?"
„Nichts", sagte Papa. „Es ist ein ganz normales Haus. Nur Alva erzählt eben gern Geschichten. Von Hexen, Wurzelzwergen ... Wichteln –"

„Ach", sagte Mama. „Alva hat einen Wichtel?"
Papa verzog das Gesicht. „Nein, hat sie nicht. Es gibt keine Wichtel."
„Natürlich!" Mama drehte sich zur Rückbank um und schüttelte den Kopf. „Kinder, euer Vater hat keine Ahnung. Es gibt Wichtel."
„Glaub ich auch", sagte Linni. „Es gibt so viele Wichteltüren in der Zeit vor Weihnachten. Davon sind manche bestimmt echt."
„Du meinst, so echt wie unsere, die ständig von der Wand fällt?", fragte Ole.
Mama sah ihn empört an. „Unsere Tür fällt nicht von der Wand!"
„Doch, weil du den Nagel schief reingeschlagen hast", gab Ole zurück.
„Das war nicht ich, das war der Wichtel", verteidigte sich Mama.
Papa seufzte. „Können wir jetzt bitte mit diesen Wichteln aufhören?" Er schaltete das Radio an und drehte es so laut, dass alle nur noch das Lied hörten, das gerade lief, und keine Fragen mehr zu Tante Alvas Mitbewohnern stellen konnten. *Jingle bells, jingle bells, jingle all the way* ... Linni und Mama sangen mit, doch Ole sah stumm aus dem Fenster und versuchte sich vorzustellen, was ihn auf diesem Ausflug erwartete. Ein Haus voller Geheimnisse? Das klang nicht schlecht. Aber wenn es nur ein gewöhnliches Haus war, in dem eine alte Frau Märchen erzählte ... Nein, ehrlich, darauf konnte er verzichten.
Sie ließen die Stadt mit ihren hohen Häusern hinter sich und fuhren auf die Autobahn. Mama verteilte Mandarinen und Kekse und Ole und Linni fingen an, Karten zu spielen. Leider endete das Spiel wenig später in einem lautstarken Streit, weil Linni sich nicht

damit abfinden wollte, dass sie immer schlechtere Karten hatte als ihr Bruder. Zur Beruhigung gab Mama ihr den letzten Keks aus der Schachtel – womit sich wiederum Ole nicht abfinden wollte.

„Warum bekommt SIE jetzt den letzten Keks? Sie kriegt immer alles, was sie will. Und wieso? Weil sie so laut schreit."

„Ich schreie nur, weil du geschummelt hast!"

„Hab ich nicht", sagte Ole.

„Doch!"

„Nein!"

„Du hast die Karten ausgetauscht!"

„Ruhe!" Mama schlug mit der Hand auf ihren Sitz. „Müsst ihr immer streiten? Jeden Tag?"

Ole zuckte mit den Schultern. „Ich kann nichts dafür, wenn sie nervt."

„Ich nerve nicht", zischte Linni. „Du nervst!"

Nun wurde es auch Papa zu viel. „Vorschlag: Linni isst jetzt den letzten Keks und ist still. Und Ole ist auch still und bekommt später bei Tante Alva einen Lebkuchen."

„Dann kriegt Linni aber keinen", forderte Ole. Denn diese Aufteilung fand er nur gerecht: Für Linni gab es jetzt einen Keks und später keinen Lebkuchen, wenn er einen bekam.

Doch damit war seine Schwester nicht einverstanden. „He, wieso? Ich will auch einen Lebkuchen von Tante Alva! Papa hat gesagt, sie macht die besten der Welt."

„Tja, Pech, kriegst du aber nicht", sagte Ole. „Weil du gerade den letzten Keks isst."

„Ich habe noch nicht abgebissen!“ Linni hob zum Beweis den runden Keks in die Höhe und gab ihn Mama zurück. „Hier, ich will ihn nicht mehr. Ich nehme auch den Lebkuchen.“

„Also gut“, seufzte Mama. Sie packte den Keks wieder weg und Papa machte ein Hörspiel an, damit alle sich wieder beruhigten.

Ole lauschte der Geschichte und bemerkte, wie sich die Landschaft draußen veränderte. Es wurde hügeliger. In der Ferne zeichneten sich wolkenverhangen und halb verborgen die Umrisse von hohen Bergen ab. Sie fuhren nun auf einer einsamen Landstraße an Wiesen und Wäldern vorbei, aber leider war alles grün und braun. Weit und breit war kein Flecken Schnee zu sehen.

„Wird wohl nichts mit Schlittenfahren“, murrte Ole.

„Ja, schade“, sagte Mama. „Aber wer weiß? Vielleicht schneit es ja morgen noch.“

„Klar, ganz bestimmt.“ Ole verzog das Gesicht. Er glaubte keine Sekunde daran.

„So, jetzt haben wir es gleich geschafft“, sagte Papa.

Er zeigte auf ein kleines Dorf, das vor ihnen in einem Tal lag. Sie fuhren darauf zu, vorbei an Häusern und Gärten. Gleich hinter der Straße breitete sich ein Wald aus, der dicht und dunkel einen Hügel hinaufwuchs. Linni sah beunruhigt, wie das letzte Licht des Tages von den Bäumen verschluckt wurde. Ob es dort auch Wölfe gab? Die Vorstellung gefiel ihr ganz und gar nicht …

„Wir sind da!“ Papa hielt vor dem letzten Haus am Ende der Straße. Es war ein altes Haus, halb von Efeu bewachsen. Der Gartenzaun war mit Sternen geschmückt und in einem kahlen Apfelbaum hingen keine Äpfel mehr, sondern rote, glänzende Kugeln.

„Oh, seht mal, ein Kugelbaum“, sagte Mama.

Im selben Moment öffnete sich die Haustür. Tante Alva strahlte. Ihre grauen Haare waren zu einem dicken Knoten aufgetürmt und ein gemusterter Wollschal lag wärmend über ihren Schultern.

„Herzlich willkommen!“, rief sie und breitete die Arme aus.

Der wandernde Stern

Papa umarmte seine Tante zur Begrüßung und Alva wollte ihn gar nicht mehr loslassen.
„Ach, mein Junge! Endlich bist du mal wieder hier."
„Ja, ja ... endlich hat es geklappt." Papa lächelte und fuhr sich etwas verlegen durch die Haare, dann sah er sich um. Die Säulen neben dem Eingang waren mit Lichterketten umwickelt, die in der abendlichen Dämmerung leuchteten. Geschnitzte Holztannen standen auf dem Boden und Sterne, Schneeflocken, Glocken und kleine Geschenke hingen an den Zweigen einer Kletterrose. „Schön hast du es wieder geschmückt", sagte Papa. „Wie immer."
„Oh ja!" Alva lachte. „Wullemuck war dieses Jahr sehr fleißig. Wartet nur, wie es drinnen aussieht. Das hätte ich alleine nie geschafft."
„Wer ist Wullemuck?", fragte Linni.
„Wullemuck? Mein Weihnachtswichtel", sagte Alva. „Er zieht immer Anfang Dezember bei mir ein und hilft mir bei den Weihnachtsvorbereitungen. Ihr könnt euch gleich seine Tür ansehen."
Papa verzog ein wenig gequält das Gesicht. „Äh ... Alva, ich habe

den Kindern schon gesagt, dass du gerne Geschichten erzählst, aber könntest du bitte –“

„Wieso Geschichten?“, fragte Alva verwundert. „Du kennst Wullemuck doch auch!“

Ole drehte sich zu seinem Vater um und grinste. „Ach wirklich? DU kennst den Wichtel?“

„Ja ... ja, hat sich nur schon lange nicht mehr bei mir gemeldet, der kleine Kerl.“ Papa wandte sich ab, als hätte er keine Lust, weiter über das Thema zu sprechen, griff nach einem Koffer und wollte ins Haus gehen. Doch plötzlich fiel sein Blick auf einen sternförmigen Schatten an der Wand. Er befand sich genau über der Tür und sah aus wie ein Abdruck von etwas, das nicht mehr da war. „Der Stern“, murmelte Papa. „Hing da nicht immer so ein leuchtender Stern?“

Alva warf ihm einen rätselhaften Blick zu und schwieg einen Moment, dann kam sie näher. „Natürlich war da ein Stern. Du hast ihn dir oft angesehen, als du ein kleiner Junge warst. Manchmal bist du sogar in Socken rausgelaufen, in eisiger Kälte, ohne Jacke, und dann hast du ganz still dagestanden und einfach nur geschaut.“

Papa rührte sich nicht. „Stimmt ... ich erinnere mich. Ich fand das Leuchten so schön. Der Stern war irgendwie ... besonders.“

„Das war er“, sagte Alva. „Weil es ein Stern aus dem Wandernden Dorf war.“

Ole horchte auf. Ein wanderndes Dorf? Das klang interessant. Auf jeden Fall interessanter als Wichtelgeschichten.

„Was ist das?“, fragte er. „Ein Dorf, das wandert?“

Alva nickte. „Es liegt hoch oben im Norden, im Land des Ewigen Winters. Dort leben Wichtel, Weihnachtselfen und Wintermenschen und bewahren den Glanz der Weihnacht. Viele der schönen Dinge, die wir hier bestaunen, kommen aus den Werkstätten des Wandernden Dorfes. Aber wo dieses Dorf ist, das weiß keiner so genau. Es wandert von Ort zu Ort und so bleiben auch die Dinge, die von dort kommen, nie an einer Stelle. Dieser Stern, der da oben hing, war ein Geschenk, das wir viele Jahre bewundern durften. Dann ist er plötzlich verschwunden und weitergewandert. Und jetzt, jetzt leuchtet er an einem anderen Ort und erfreut dort die Menschen."

Alle hatten Tante Alva staunend zugehört, aber Papa räusperte sich plötzlich. „Ja ... ähm. Vielleicht. Vielleicht ist der Stern gewandert, vielleicht ist er auch einfach nur geklaut worden. Oder? Wäre ja möglich. Jemand kam vorbei und dachte: Hm, so ein Stern ist im Laden ganz schön teuer, den nehme ich mit."

Tante Alva schüttelte den Kopf. „Ach, mein Junge, einen solchen Stern gibt es nicht in irgendeinem Laden zu kaufen."

„Glaubst du! Dann besuch uns mal in der Stadt, da gibt es alles." Papa lachte und ging mit seinem Koffer durch die Tür.

Alva sah ihm einen Moment nachdenklich nach. „Er hat viel vergessen ..." Dann seufzte sie und hob die Hände. „Aber so ist es, nicht wahr? Die meisten Menschen vergessen, was sie in ihrer Kindheit gesehen haben, so als hätten sie eine Brille auf, durch die sie die Welt jetzt anders sehen."

„Aber Papa hat keine Brille", sagte Linni.

Mama strich ihr über den Kopf und lächelte. „Nein, Schatz, das hat Tante Alva anders gemeint. Sie wollte einfach nur sagen, dass Papa erwachsen geworden ist."

„Genau!" Alva zwinkerte Linni zu. „Wenn man erwachsen ist, hat man nämlich andere Augen."

„Was?" Linni hielt sich schnell die Hände vor das Gesicht. „Also ich will meine Augen behalten."

„Das wirst du", sagte Mama. „Ganz bestimmt."

Tante Alva führte sie ins Haus, aber Ole blieb noch einen Moment draußen stehen. Er schaute nach oben zu dem sternförmigen Schatten über der Tür. Wie konnte ein geklauter Stern einen Schatten hinterlassen? Das war doch nicht möglich ... Dinge, die verschwanden, hinterließen keinen Schatten. Sonst wäre ja die ganze Welt voller dunkler Flecken und das war sie nicht. Oder doch?

Er dachte gerade darüber nach, als er von drinnen einen Schrei hörte. Oh nein ... Linni schien irgendwas entdeckt zu haben. Und sie würde ihn sicher gleich darauf hinweisen, dass sie es ganz allein und als Allererste entdeckt hatte – auf jeden Fall VOR ihm. Denn darum ging es bei ihnen, jeden Tag: Immer wurde verglichen, wer was geschafft hatte, wer was durfte und

wer was bekam. Es war ein ewiger Wettbewerb, der immer weiterlief und nie endete.
Als Ole nun ins Haus ging, sah er, wie seine Schwester ihm aufgeregt zuwinkte.
„Die Wichteltür!“, rief sie. „Ich habe die Wichteltür entdeckt – als Erste, als Allererste!“
„Ach, echt?“ Ole tat so, als wäre ihm das ziemlich egal, und ging betont langsam durch den Flur.
Etwas versteckt, im Schatten einer alten Truhe, befand sich die kleine Tür. Sie war dunkelgrün angestrichen und hatte einen goldenen Türgriff. An der Seite lehnte ein winziger Besen und daneben standen Lederstiefel, die aussahen, als gehörten sie einer Puppe.

„Er hat sogar einen Briefkasten“, sagte Linni. „Da steht sein Name drauf, siehst du? Wullemuck.“ Sie zeigte ihrem Bruder das Schild und kleine Körbe mit Nüssen, doch Ole interessierte sich mehr für die Tür an der Wand.

Er hatte schon viele Wichteltüren gesehen. Auch seine Mutter baute jedes Jahr eine auf, aber sie ließ sich leicht abnehmen, sodass dahinter die weiße Wand zu sehen war. Andere malten ihre Wichteltüren auf Pappe oder Holz und klebten sie fest. Doch bei dieser Tür war es anders: Ole entdeckte weder Klebestreifen noch Nägel. Wullemucks Tür ließ sich nicht bewegen und saß so fest, als wäre sie mit der Wand verwachsen.

„Ich glaube, sie ist echt“, raunte Linni und kniete sich auf den Boden.

Ole schüttelte den Kopf. „Das kann nicht sein. Es gibt keine Wichtel.“

„Doch! Sieh dir die Schuhe an: Die riechen sogar ... Und da liegt eine Nuss. Die hat irgendjemand angebissen.“

„Vielleicht war es eine Maus“, sagte Ole.

„Eine Maus?“ Linni rutschte beunruhigt ein Stück zurück. „Leben hier Mäuse?“

„Klar, altes Haus, viele Ritzen.“ Ole grinste, als er merkte, wie seine Schwester erschauderte. Um sie zu ärgern, redete er weiter: „Die kommen heute Nacht alle raus und krabbeln unter dein Bett ...“

„Hör auf!“

„... und dann kriechen sie unter deine Decke und beißen in deine Käsefüße.“

„Hör auf!“ Linni schubste ihn wütend zur Seite und Ole stieß mit dem Knie gegen die Truhe. „Autsch!“

Die Wichtelkörbe fielen um, die Nüsse kullerten über den Boden.

„Ach Kinder, passt doch auf“, schimpfte Mama, die am Ende des Flurs stand. „Das hat Alva so schön hergerichtet.“

„Ich?“ Alva hob abwehrend die Hände. „Ich habe gar nichts gemacht, das war alles Wullemuck.“

Papa verdrehte genervt die Augen.

„Ich kann nichts dafür“, verteidigte sich Ole. „Das war Linni!“

„Er hat mich geärgert!“, rief Linni. „Er hat gesagt, ich werde heute Nacht von Mäusen aufgefressen.“

„Was?“ Ole starrte seine Schwester an. „Das habe ich nicht gesagt.“

„Aber das wolltest du“, schluchzte Linni. „Das machst du immer! Immer sagst du solche Sachen und machst mir Angst. Und jetzt muss ich die ganze Nacht an Mäuse denken und kann nicht schlafen.“

Sie stand auf und stapfte mit Tränen in den Augen zu ihrer Mutter, die sie tröstend in den Arm nahm.

Na toll, dachte Ole, *jetzt kümmern sich wieder alle um die niedliche kleine Linni und ich bin schuld, obwohl SIE mich geschubst hat ...*

Mit finsterer Miene beobachtete er, wie Papa Linni über den Kopf strich und wie sich auch Tante Alva lächelnd zu ihr hinunterbeugte.

„Du musst keine Angst haben, meine Kleine, hier gibt es keine Mäuse. Zumindest nicht im Haus! Aber wenn es dich beruhigt,

dann schreibe ich Wullemuck noch eine Nachricht, dass er heute Nacht auf euch aufpassen soll. Na, was meinst du?“
Linni zog die Nase hoch und nickte. „Ja bitte ... Wullemuck soll aufpassen.“
„Das macht er bestimmt!“ Alva richtete sich wieder auf und hob warnend ihre alte, faltige Hand. „ABER ihr müsst mir versprechen, nicht nach ihm Ausschau zu halten. Er ist ja ein Weihnachtswichtel – und Weihnachtswichtel dürfen nicht von Menschen gesehen werden, sonst verlieren sie ihre Zauberkraft. Das wäre sehr schlimm für ihn, das darf nicht passieren.“
„Ja“, sagte Linni, „das wissen wir.“
Alva sah von einem zum anderen und nickte. „Das hoffe ich.“

Geräusche in der Nacht

Das Zimmer, das Alva für Ole und Linni hergerichtet hatte, lag im ersten Stock des Hauses. Es war gemütlich, mit einem großen Fenster, das auf den Wald hinauszeigte. Zwischen den beiden Betten stand ein kleiner Holztisch. Aber es war leider nur EIN Tisch, was sofort zu der Frage führte, wer ihn wie nutzen durfte. Aus der Frage entwickelte sich ein Streit, der immer lauter wurde, und schließlich brachte Alva noch einen zweiten Tisch nach oben.

„Wie schade, dass einer nicht reicht", sagte sie. „Ich dachte, ihr könnt ihn euch teilen."

„Teilen?" Mama schüttelte den Kopf. „Teilen können sie leider gar nicht, das haben sie verlernt. Jeder passt auf, dass der andere nicht mehr bekommt, und wenn es doch passiert, dann wird sofort geschrien."

„Das hört sich aber nicht gut an", sagte Alva.

„Ja, zurzeit ist es wirklich schwierig." Mama seufzte und sah auf einmal sehr müde aus. „Ich habe schon gesagt: Mein größter Wunsch zu Weihnachten wäre es, dass die beiden sich wieder besser verstehen. Das ist eigentlich alles, was ich will."

„Na, das müsste doch zu schaffen sein!“ Alva klatschte in die Hände und schaute die Kinder erwartungsvoll an. „Was meint ihr?“

Aber Ole und Linni waren gerade mit dem Auspacken ihrer Rucksäcke beschäftigt und brummten nur vor sich hin, ohne eine Antwort zu geben.

Später, beim Abendessen, war die Stimmung schon wieder besser, was auch an den leckeren Knödeln lag, von denen es so viele gab, dass keiner darum kämpfen musste.

Danach saßen alle noch eine Weile in Alvas Wohnzimmer. Es war ein sehr gemütliches Wohnzimmer, in dem überall Schlitten herumstanden, die so alt waren, dass sie keine Berge mehr hinunterfuhren. Dafür wurden sie nun als Möbelstücke genutzt: Auf manchen lagen weiche Felle und Kissen, andere Schlitten hatte Alva zu Regalen umgebaut, in denen Bücher und Vasen standen. Von der Decke hingen schimmernde Glaskugeln und auf einem Schlittentisch vor dem Kamin stand eine rote Eisenbahn mit zwei Wagen, die als Keksschalen dienten. Das gefiel vor allem den Kindern – weil die Wagen gut gefüllt waren. Sie griffen hinein und probierten alle Kekse, bis Ole plötzlich einfiel, was sein Vater ihm auf der Fahrt versprochen hatte.

„He, was ist eigentlich mit den Lebkuchen?“, fragte er. „Ich bekomme doch noch einen.“

„Ich auch!“, sagte Linni. „Einen Lebkuchen mit goldenem Stern.“

Alva stellte ihr Weinglas ab und sah verwundert von einem zum anderen. „Einen Lebkuchen mit goldenem Stern?“

Ole nickte. „Davon hat Papa uns erzählt. Er hat gesagt, du machst die besten Lebkuchen der Welt."
„Stimmt ja auch", sagte Papa und zwinkerte seiner Tante zu. „Egal, wo ich war, ich habe nie bessere gegessen als hier."
„Bei mir? Nein, wirklich, Kinder ... Ich habe in meinem ganzen Leben noch nie Lebkuchen gemacht. Viele andere Kekse, natürlich. Aber keine Lebkuchen."
Papa rutschte in seinem Sessel ein Stück nach vorn. „Aber ich habe sie doch hier gegessen! Diese viereckigen Lebkuchen mit dem goldenen Stern. Das weiß ich ganz sicher."
„Hier?" Alva sah ihn prüfend an. „Oder vielleicht doch woanders ... Siggi, ich glaube, du verwechselst da was."
„Meinst du?" Papa lehnte sich wieder nach hinten und kratzte sich am Kopf, als müsste er nachdenken.
„Also gibt es keine Lebkuchen", fasste Ole die Lage zusammen.
„Nein", sagte Mama. „Und die Kekse verschwinden jetzt auch. Abfahrt!" Sie nahm die rote Lok und ließ sie quer über den Tisch fahren, weg von Ole und Linni, die nun zum Zähneputzen geschickt wurden.
Als sie wenig später ihre Schlafanzüge anzogen, bemerkten sie, wie müde sie waren. Linni schwankte gähnend zu ihrem Bett und ließ ihre Kleider einfach auf dem Boden liegen, genau wie Ole, dem die Kraft fehlte, um noch irgendetwas aufzuräumen. Außerdem war es nicht nötig, fand er. Sie waren hier ja nur zu Besuch! Da konnten Schuhe, Rucksäcke und Spielsachen auch mal kreuz und quer im Zimmer herumliegen, weil am Sonntag sowieso alles wieder eingepackt werden musste.

Ole kroch in sein Bett und auch Linni wickelte sich in ihre warme Decke. Sie zog sie halb über den Kopf, um sich eine sichere Höhle zu bauen, und dachte an Wullemuck. Ob der Wichtel wirklich auf sie aufpasste? Sie nahm sich vor, ihm am nächsten Tag einen Brief zu schreiben. Vielleicht schrieb er ja zurück. Ja, vielleicht ... Ihre Gedanken verschwammen. Sie schlief ein. Auch Ole lag ganz still auf seinem Kissen und träumte von sternförmigen Schatten und alten Schlitten, die im Haus herumfuhren.

„*Geht doch raus!*", hörte er seine Mutter im Traum rufen. „*Schlitten fährt man draußen, nicht drinnen!*"

„*Aber draußen liegt kein Schnee!*", rief Ole zurück und polterte weiter mit dem Schlitten die Treppen hinunter. Es knarrte und krachte – und plötzlich klingelte es.

Ole zuckte zusammen. Er öffnete die Augen und sah sich um. Alles war dunkel. Er hatte geträumt, aber das Klingeln hörte er immer noch. *Glöckchen?* Ja, das Rentier seiner Schwester klingelte, aber da war noch etwas anderes: ein leises Schnaufen. Irgendetwas raschelte und quiekte, ganz in der Nähe. Oles Herz klopfte schneller. Ob da wirklich Mäuse durchs Zimmer huschten? Er tastete nach seiner Taschenlampe, die neben ihm auf dem Nachttisch lag, und leuchtete den Boden ab. Der Lichtschein fiel auf seinen Rucksack, und dann sah er sie: zwei kurze Beine, die aus der Öffnung herausschauten und wild herumstrampelten, so als steckten sie in einer Falle.

Auch Linni war nun aufgewacht und setzte sich erschrocken auf.

„Was ist das?", flüsterte sie.

Ole schluckte. „Ich ... Ich weiß nicht."
„Ein Tier?"
„Nein, es hat Stiefel an!" Oles Hände begannen vor Aufregung zu zittern. „Ich glaube, es ... äh ... es ist ein Wichtel?"
Linni bekam große Augen. „Oh nein! Dann dürfen wir ihn doch nicht sehen."
„Zu spät", sagte Ole. Er stand auf und berührte vorsichtig die strampelnden Beine. „He, du, in dem Rucksack ... brauchst du vielleicht Hilfe?" Er zog an den kleinen Stiefeln und befreite das unbekannte Wesen aus seiner Falle. Als er es auf den Boden setzte, musste Ole ein paar Mal blinzeln, so unglaublich war es, was er sah: Vor ihm saß tatsächlich ein Wichtel!

Ein Weihnachtswichtel, gerade mal so groß wie eine kleine Puppe. Sein Gesicht war rund und leicht zerknautscht. Über der hellgrünen Hose trug er ein dunkelgrünes Jäckchen, das von einem Ledergürtel zusammengehalten wurde, und unter einer gestreiften Zipfelmütze schauten rote, struppige Haare hervor.

„Iiiihhhh!", quiekte der kleine Kerl und riss entsetzt die Augen auf, als er merkte, dass er zwei Menschenkindern gegenübersaß. „Oh nein, oh nein, das darf nicht sein!" Er drehte sich hektisch im Kreis, schnippte immer wieder mit den Fingern und zog sich seine Mütze über das Gesicht, als wollte er sich verstecken. „Wulli Knulli dumm dumm dumm!"

Linni sah ihn ungläubig an. „Wullemuck? Bist du wirklich Wullemuck?"

Aber der Wichtel war viel zu aufgeregt, um zu antworten. Wie ein aufgescheuchtes Hühnchen rannte er umher und verkroch sich unter Oles Jeans, die zusammengeknüllt auf dem Boden lag. „Wulli Knulli dumm dumm dumm!"

„Beruhige dich", sagte Ole und zog die Jeans zur Seite. „Wir tun dir doch nichts."

„Ihr tut mir nichts? Ihr ... Ihr habt mir doch schon was getan! Ihr habt mich gesehen!" Wullemuck schnappte sich schnell ein neues Kleidungsstück und legte es sich über den Kopf.

„He, das ist meine Unterhose", sagte Linni.

„Außerdem sehen wir dich immer noch", meinte Ole.

„Wulli Knulli dumm dumm dumm!" Der Wichtel wollte sich nun

unter einen alten Holzschrank schieben, blieb aber stecken und quiekte. „Hilfe!“

„Was machst du denn da?“ Ole befreite ihn aus dem schmalen Spalt. „Da passt du doch nicht drunter.“

Wullemuck setzte sich auf und fing wieder an, mit den Fingern zu schnippen, immer verzweifelter, bis er schließlich aufgab. „Dumm dumm dumm“, wimmerte er, schlang die Arme um seine Beine und schaukelte vor und zurück, als würde ihn das beruhigen. „Dumm dumm dumm ...“

Ole konnte es immer noch nicht glauben. Er streckte seine Hand aus und zwickte den Wichtel leicht in den Arm.

„AUA!“, beschwerte sich der kleine Kerl. „Warum tust du das?“

„Entschuldige, ich ... ich wollte nur herausfinden, ob du wirklich echt bist.“

„Natürlich bin ich echt.“

„Okay, und du heißt Wullemuck, ja?“ Linni räusperte sich, weil sie fand, dass es an der Zeit war, sich vorzustellen. „Ich bin Linnea. Aber alle nennen mich Linni. Das darfst du auch zu mir sagen, wenn du willst.“

„Linni?“ Der Wichtel schaute vorsichtig unter seiner Mütze hervor.

„Ja, genau. Linni. Und das ist Ole, mein Bruder. Es tut uns sehr leid, dass wir dich entdeckt haben. Aber warum bist du denn in den Rucksack gefallen?“

Wullemuck schluchzte auf. „Na, weil es geklingelt hat! Diese Glöckchen an dem Tier ... Und dann wollte ich weg und bin gestolpert, weil hier so viele Fallen herumliegen.“ Er zeigte auf all die zusammengeknüllten Kleider und verstreuten Sachen, die Ole und Linni am Abend nicht aufgeräumt hatten. „Dumm dumm dumm!“

Die Geschwister sahen sich betreten an.

„Jetzt ist sie weg, meine Zauberkraft“, schniefte der Wichtel. „Jetzt kann ich nichts mehr. Jetzt kann ich nicht mehr sein, was ich war, und nicht mehr machen, was ich will.“ Er schnippte mit seinen kleinen Fingern, wieder und wieder, aber nichts passierte.

„Das tut uns leid, wirklich.“ Ole spürte, wie das schlechte Gewissen an ihm zu nagen begann. „Das wollten wir nicht.“

Linni sah ihren Bruder vorwurfsvoll an. „Du hättest deine Taschenlampe nicht anknipsen dürfen! Warum hast du das gemacht?“

„Weil ich Geräusche gehört habe“, verteidigte sich Ole.

„Ja eben, dann hättest du dir doch denken können, dass es ein Wichtel ist!“

„Klar! Ist ja auch völlig normal, dass hier ein Wichtel durchs Zimmer läuft. Und warum lässt DU dein blödes Rentier hier herumliegen, mit den Glöckchen? Das war es doch, was ihn erschreckt hat.“

„Aber er ist in DEINEM Rucksack gelandet!"
„Aber nur, weil Alva dem Wichtel gesagt hat, dass er nach uns schauen soll – weil DU Angst vor Mäusen hast!"
„Stopp!" Wullemuck heulte auf und wedelte mit den Händen. „Nicht streiten, nicht streiten, das bringt doch nichts!" Er ließ die Schultern hängen und seine Stimme wurde leise. „Es war doch schon mal so. Genauso. Wie jetzt."
Ole horchte auf. „Wie jetzt? Was meinst du damit?"
Der kleine Wichtel senkte den Kopf. „Ich habe meine Zauberkraft schon einmal verloren. Eigentlich zweimal. Und da war es auch so: Ich habe geschnippt und geschnippt und nichts ging mehr. Aber die Weihnachtshexe konnte mir helfen."
„Die Weihnachtshexe." Ole runzelte die Stirn und drehte sich zu seiner Schwester um. „Hat er gerade Weihnachtshexe gesagt?"
„Hat er."
Ole musste für einen Moment die Augen schließen. Er schlug sich gegen die Stirn, um zu testen, ob er vielleicht immer noch schlief und träumte ... *Wach auf, Ole!* Aber als er die Augen wieder öffnete, war der Wichtel immer noch da – und er redete tatsächlich von einer Weihnachtshexe, die irgendwo im Wald wohnte.
„Sie hilft uns Wichteln, wenn wir in Schwierigkeiten sind", sagte Wullemuck. „Sie kann uns die Zauberkraft zurückgeben! Aber ich weiß nicht, wie ich zu ihr kommen soll, ganz allein. Ich bin zu klein, meine Beine sind zu kurz. Ich brauche Tage ... nein, Wochen, bis ich beim Haus der Weihnachtshexe bin." Er sank wieder in sich zusammen und wimmerte leise.

„Armer kleiner Wichtel." Linni legte ihm tröstend die Hand auf den Rücken und sah ihren Bruder an. „Wir müssen ihm helfen, Ole! Wir sind schuld, dass er seine Zauberkraft verloren hat."

„Ich weiß." Ole lief ein paar Schritte durch das Zimmer, um nachzudenken. Was sollten sie tun? Was passierte hier eigentlich? Bis vor zehn Minuten hatte er noch nicht mal daran geglaubt, dass es Wichtel überhaupt gab – von Hexen ganz zu schweigen. Und nun sollte er einem Wichtel helfen, wieder zaubern zu können? Und was war überhaupt eine Weihnachtshexe? Davon hatte er noch nie gehört.

„Also, diese Weihnachtshexe", begann Ole, „die wohnt im Wald, ja? Welchen Wald meinst du? Den da draußen?"

Wullemuck hob den Kopf. „Ja, ja, es ist gar nicht so weit! Ich meine, für euch. Für Menschenbeine ist es ganz in der Nähe."

„Gut." Ole holte tief Luft und versuchte, überzeugt zu klingen, solange er noch überzeugt war. „Dann bringen wir dich da hin."

Wullemuck sah ihn mit großen Augen an. „In den Wald?"

„Ja, in den Wald. Wir sind Menschen und können dich tragen, also bringen wir dich zum Haus der Weihnachtshexe." Ole schnappte sich seine Kleider und fing an, sich anzuziehen.

„Was, jetzt gleich?", fragte Linni.

„Wann denn sonst? DU hast doch gesagt, wir müssen ihm helfen."

„Aber es ist noch dunkel!"

Ole sah auf die Uhr. „Es ist schon halb sieben. Wenn wir jetzt losgehen, sind wir vielleicht zum Frühstück wieder zurück."

„Ja, ja, bestimmt", quiekte der Wichtel, der auf einmal neue Hoffnung

schöpfte. „Es ist gar nicht so weit, nur für mich und meine Beine.“

„Na gut.“ Nun stand auch Linni auf und zog sich an, während Ole noch schnell eine Nachricht an ihre Eltern schrieb:

Macht euch keine Sorgen! Wir haben Wullemuck gesehen und müssen ihm helfen. Wir bringen ihn zur Weihnachtshexe.

Bis später,
Ole und
Linni

Für einen Moment dachte er, dass sich ihre Eltern so wahrscheinlich noch mehr Sorgen machten. Aber er hatte keine Lust, alles noch mal zu schreiben, darum legte er den Brief – so wie er war – auf sein Bett. Linni zog sich gerade einen zweiten Pulli über den ersten, weil sie im Wald nicht frieren wollte, und schnappte sich Glöckchen. Dann setzten sie Wullemuck in Oles Rucksack und schlichen leise die Treppe hinunter. Im ganzen Haus war es still, nur das Ticken einer alten Wanduhr war zu hören. Sie nahmen ihre Jacken, Mützen und Handschuhe von der Garderobe und öffneten die Tür.

Linnis Beine fingen auf einmal an zu zittern und sie hielt sich am Türrahmen fest. Aber als sie die grün-rot gestreifte Zipfelmütze aus dem Rucksack ihres Bruders ragen sah, gab sie sich einen Ruck. *Für Wullemuck*, dachte sie und trat hinaus in die Dunkelheit, die am Horizont schon einem hellen Silberstreifen wich. Bald würde der Tag anbrechen. Linni holte tief Luft und folgte ihrem Bruder auf dem schmalen Weg, der hinter dem Haus in den Wald führte.

Doch wohin er sie führte, das konnten die Geschwister nicht einmal ahnen.

Die goldene Glocke

Es lag noch immer kein Schnee, aber in der Nacht war es so kalt geworden, dass der Boden unter ihren Füßen hart und gefroren war. An den Ästen der Bäume hingen winzige Eiskristalle, die im Licht der Taschenlampe funkelten wie weiße Blätter. An einem normalen Tag hätte Linni vor Angst keinen Schritt gehen können. Die Schatten um sie herum wären zu bedrohlich gewesen, die Geräusche des Waldes hätten sie gelähmt. Aber es war kein normaler Tag. Und das lag an ihrem kleinen Begleiter, der mit dem Kopf aus Oles Rucksack herausschaute und munter vor sich hinplapperte. Seit sie losgegangen waren, hatte sich Wullemucks Laune mit jedem Schritt verbessert. Er jammerte nicht mehr, sondern war voller Zuversicht, dass er schon bald seine Zauberkraft wiederbekommen würde.

„Und dann schnippe ich einfach mit den Fingern und zaubere mich wieder von Ort zu Ort. Das ist es nämlich, was wir Wichtel können", sagte er. „Wenn ich aus meiner Wichteltür komme, mache ich einfach *schnipp* und schon bin ich bei Alva im Zimmer, ohne dass ich die Treppen hochklettern muss. Oder ich mache *schnipp* und

stehe auf dem Dorfplatz. Oder ich mache *schnipp* und bin im Wald. Gut, oder?"

„Ja, schon", sagte Ole. „Aber warum hast du dich dann vorhin nicht aus meinem Rucksack weggezaubert?"

Wullemuck gab einen grummelnden Laut von sich, als wolle er nicht daran erinnert werden. „Na, weil das alles so schnell ging! Die Glöckchen haben geklingelt, ich bin gestolpert und dann ... dann war es auch schon zu spät. Zum Zaubern braucht man Zeit, versteht ihr? Man muss die Augen schließen und seine Kraft sammeln."

„Aha", sagte Linni. „Und was kannst du noch alles zaubern?"

„Wie, was noch ...? Ich kann mich von Ort zu Ort zaubern, reicht das nicht?" Wullemuck wirkte ein wenig beleidigt.

„Doch", sagte Linni. „Aber ich dachte, ihr Wichtel könnt irgendwie ... na ja ... mehr?"

„Wir sind keine Zauberer! Wir sind Weihnachtswichtel und verbreiten den Glanz der Weihnacht. Und wir helfen den Menschen in dieser besonderen Zeit. Deshalb kann ich alles, was man dafür braucht: Ich kann Dinge bewegen und verschieben, ich kann mich an andere Orte zaubern, ich kann backen UND ich kann mit Tieren sprechen."

Linni sah ihn überrascht an. „Mit Tieren?"

„Klar, um die müssen wir uns doch auch kümmern", sagte Wullemuck. „Wenn ich jetzt noch meine Wichtelkräfte hätte, würde ich zum Beispiel der Eule da oben sagen, dass sie euch nicht erschrecken soll."

Er zeigte auf einen Ast über ihren Köpfen und Linni schrie entsetzt auf, als sie zwei leuchtende Augen sah, die sie aus der Dunkelheit heraus anstarrten. *Schuhuuu!* Die Eule breitete ihre Flügel aus und stieß sich von ihrem Ast ab. Im selben Moment warf Linni sich auf den Boden.

„Hilfe! Sie greift an!"

„Quatsch." Ole schaute der Eule nach, wie sie flatternd im Wald verschwand. Auch ihm war kurz der Atem gestockt, aber das wollte er vor Linni nicht zugeben. „Sie ist weg", sagte er und reichte seiner Schwester die Hand, um sie hochzuziehen.

„Die ... Die sah echt gefährlich aus", stammelte Linni.

„Sie frisst aber keine Menschen, sondern Mäuse", sagte Wullemuck.

„Die armen Mäuse."

„Die armen Mäuse?"

Wullemuck machte ein verwundertes Gesicht. „Jetzt versteh ich gar nichts mehr. Ich dachte, du hast Angst vor Mäusen! Das hat Alva mir doch geschrieben."

„Linni hat vor

allem Angst“, sagte Ole. „Manchmal traut sie sich nicht mal, die Klospülung zu drücken, weil sie damit den Abflussgeist weckt, der dann aus dem Rohr kommt.“
„Wirklich? Was ist denn ein Abflussgeist?“, fragte Wullemuck.
„Keine Ahnung. Den kennt nur Linni.“
„Haha!“ Linni schubste ihren Bruder leicht zur Seite, ließ aber trotzdem seine Hand nicht los. „Das gluckert halt manchmal so komisch“, verteidigte sie sich. „Da denke ich immer, dass was drin ist in dem Rohr.“
„Verstehe ... hm. Aber wer im Dunkeln durch einen Wald läuft, der braucht keine Angst mehr vor Abflussgeistern zu haben.“
Wullemuck drehte sich zu Linni um und lächelte. „Ich finde dich sehr mutig!“
„Danke“, murmelte Linni.
„Was ist eigentlich mit dieser Hexe?“, fragte Ole den Wichtel. „Muss man vor der auch Angst haben?“
Er spürte, wie Linni seine Hand auf einmal wieder fester drückte. Das Wort *Hexe* schien sie genauso zu beunruhigen wie ihn.
„Na ja, es gibt schon Hexen, vor denen man Angst haben muss“, sagte Wullemuck. „Alte Schrumpelhexen voller Warzen, die gerne Kinder einsperren, um sie zu braten ...“
Ole und Linni blieben wie angewurzelt stehen.
„... aber doch nicht vor der Weihnachtshexe!“ Wullemuck kicherte.
„Das war nicht lustig“, sagte Linni.
„Tut mir leid. Aber vor Runa müsst ihr wirklich keine Angst haben! Sie ist sehr, sehr nett.“

„Und sie heißt Runa?“, fragte Ole.
„Ja. Runa Talvi, die Weihnachtshexe.“ Wullemuck zeigte auf einen großen Baum, der seine Äste wie ein Wegweiser von sich streckte. „Da vorne müssen wir übrigens abbiegen! Dann sind wir bald da.“
Hinter dem Baum führte ein schmaler Pfad tiefer in den Wald hinein. Aber es wurde nicht dunkler, sondern heller, denn mit jedem Schritt zog sich die Nacht weiter zurück und der Himmel wurde vom Morgenlicht in ein fahles silbernes Grau getaucht. Zwischen all den Wurzeln und Moosfeldern war der Pfad nicht immer leicht zu erkennen und manchmal mussten sie über umgestürzte Baumstämme klettern oder lästige Zweige zur Seite schieben, um vorwärtszukommen. An einem Felsen entdeckte Linni lange Eiszapfen, die sie sich normalerweise sofort geholt hätte, um daran zu schlecken. Doch so früh am Morgen hätte sie lieber einen warmen Tee gehabt oder irgendetwas zu essen. Ihr Magen meldete sich grummelnd zu Wort. Sie hatte Hunger. Ihre Kräfte schwanden und plötzlich tauchte auch noch ein großer Felsen vor ihnen auf, der ihnen den Weg versperrte.
„Oh nein, müssen wir da jetzt etwa hochklettern?“, fragte Linni. „Bitte nicht, ich kann nicht mehr!“
„Nein, nein, nicht klettern“, sagte Wullemuck. „Nur durchgehen. Dahinter ist schon Runas Lichtung.“
Runas Lichtung ... Ole spürte, wie die Aufregung in ihm wuchs. Auch ihm waren auf dem Weg die Beine schwer geworden, aber mit einem Mal war er wieder wach. Er betrachtete den Felsen genauer

und sah, dass es eigentlich ZWEI Felsen waren. Der eine hatte sich vor den anderen geschoben und verdeckte damit einen schmalen Spalt, der wie ein Tunnel zwischen den steinernen Riesen hindurchführte. Schritt für Schritt schob Ole sich vorwärts, dicht gefolgt von Linni, die sich an seiner Jacke festklammerte, weil sie nicht allein zurückbleiben wollte.

Sie zwängten sich durch den Spalt und traten auf der anderen Seite auf eine Lichtung. Hier standen die Bäume weit auseinander und machten Platz für ein kleines Haus. Es war ganz aus Holz und ein wenig schief gebaut, mit einem krummen Schornstein, aus dem Rauchwolken aufstiegen. Die Fenster waren mit Lichtern und Sternen geschmückt, ebenso wie die beiden Tannen, die links und rechts neben einer roten Eingangstür standen.

„Oh, ein echtes Hexenhaus!“ Linni sah sich staunend um, aber Ole steuerte schon auf das Gartentor zu. Es befand sich unter einem hohen, verzierten Bogen und schien der einzige Durchgang zu sein, denn das ganze Hexenhaus war von einem Zaun umgeben.

„Du musst klingeln! Sonst kommen wir nicht rein“, sagte Wullemuck.

Ole versuchte trotzdem, das Gartentor zu öffnen. Aber sosehr er auch rüttelte und zog: Es blieb verschlossen.

Wullemuck klopfte ihm ungeduldig auf den Kopf. „Klingeln, hab ich gesagt! Da oben ist die Glocke.“

Ole sah, dass an dem Torbogen über ihm eine kleine goldene Glocke hing. „Was, die? Wie soll ich da denn rankommen?“ Er streckte sich, wieder und wieder. Er nahm sogar Anlauf und

versuchte zu springen, doch er berührte die Glocke nicht einmal mit den Fingerspitzen.
„Lass mich mal!“ Linni drängte sich an ihm vorbei und wollte es auch versuchen.
„Du? Du bist doch noch viel kleiner als ich.“
„Aber ich bin leichter und kann höher springen“, gab Linni zurück. Sie nahm Anlauf, hob ab – und landete erfolglos wieder auf dem Boden.
„Siehst du? Klappt nicht.“ Ole schaute sich nach einer anderen Lösung um und entdeckte ganz in der Nähe des Zauns ein Stück von einem gefällten Baumstamm. Er wollte ihn in Richtung Tor rollen, um sich draufzustellen – doch der Baumstamm bewegte sich plötzlich von ganz allein und rollte ihm davon. Er rollte und rollte, holperte über die Wiese und verschwand im Wald.
Ole war fassungslos. „Was ... Was war denn das?“
„Ein rollender Baumstamm“, sagte Wullemuck.
„Warum ist er gerollt? Hier geht es doch nicht bergab!“
„Hier steht aber ein Hexenhaus“, kicherte Wullemuck.
Ole wollte nun einen Stock holen, um damit die Glocke zu erreichen. Doch als er sich bückte, um danach zu greifen, rutschte auch der Stock plötzlich zur Seite, so als hätte er unsichtbare Füße. Ole versuchte noch einmal, ihn zu schnappen. Vergebens, der Stock entwischte ihm wieder und wieder. Dann stellte sich das widerspenstige Ding plötzlich auf, hüpfte einmal um ihn herum und verschwand im Wald.
„Das gibt’s doch nicht“, murmelte Ole.

„Hier ist alles verzaubert!“, rief Linni. „Sieh doch mal!“
Auch sie hatte versucht, nach einem Ast zu greifen. Allerdings hatte sich der Ast vor ihren Augen einfach verknotet und flog nun durch die Luft davon wie ein seltsamer Vogel mit hölzernen Flügeln.
„Also gut, wir dürfen keine Stöcke nehmen und keine Baumstämme“, sagte Ole. „Nur wie sollen wir dann die goldene Glocke erreichen? Das geht doch nicht!“
„Na ja ... ALLEIN geht es nicht, das stimmt“, sagte Wullemuck. „Aber warum versucht ihr es nicht mal zusammen?“ Der Wichtel sah fragend von einem zur anderen.
Ole stutzte. *Zusammen.* Natürlich, daran hatte er gar nicht gedacht! Seine Schwester war leicht. Er konnte sie hochheben und zusammen waren sie groß genug.
„Räuberleiter!“, rief Linni, die nun den gleichen Gedanken hatte wie er. „Na los!“
Die beiden stellten sich unter den Torbogen und Ole stemmte seine kleine Schwester nach oben. Linni hielt sich mit der einen Hand an seinem Kopf fest, während sie mit der anderen versuchte, die Glocke zu erreichen. Sie streckte sich so weit wie möglich, dann berührte sie mit den Fingerspitzen das Metall und ein helles Klingeln erfüllte die Lichtung. Das Gartentor sprang auf. Entlang des Weges entzündeten sich Laternen, die sie leuchtend zum Hexenhaus führten. Und dort, neben dem Eingang, verneigten sich die Tannenbäume vor ihnen, fast so, als wollten sie die Besucher begrüßen.

Frühstück im Hexenhaus

Ole hatte sich die Weihnachtshexe alt vorgestellt, verrunzelt und vielleicht auch bucklig. Aber sicher nicht so, wie sie nun vor ihn trat. Er war so erstaunt, dass er sich für einen Moment nicht rühren konnte, denn Runa Talvi war das schönste Wesen, das er je zu Gesicht bekommen hatte. Ihre langen schwarzen Haare umrahmten glänzend ihr Gesicht. Sie trug ein graublaues Kleid, das am Saum mit glitzernden Schneeflocken bestickt war, darüber eine Weste aus weichem weißem Fell. Die Knöpfe an ihren Ärmeln funkelten im Schein der Laternen und Linni konnte kaum den Blick davon abwenden.

„Menschenkinder! Was für eine Überraschung“, sagte Runa Talvi mit freundlicher Stimme. „Seid gegrüßt und tretet ein!“

Ole und Linni bekamen beide kein Wort heraus.

Die Weihnachtshexe musste lachen. „Was seht ihr mich so an? Oh, ich weiß: Ihr habt gedacht, ich wäre älter, hab ich recht? Mit Falten und gelben Zähnen. Aber wisst ihr, auch eine Hexe ist mal jung und ich bin erst hunderteinundzwanzig Jahre alt!“ Sie stemmte die Arme in die Seiten und drehte sich einmal im Kreis, um zu beweisen, wie viel Schwung sie noch hatte. „Jetzt kommt herein und setzt euch an den Ofen. Und dann sagt mir, was euch zu mir führt!“

Die Kinder traten ein und hinter Oles Rücken war plötzlich ein leises Räuspern zu hören. „Sie sind hier ... wegen mir.“ Wullemuck streckte vorsichtig seinen Kopf aus dem Rucksack. „Hallo, Runa.“

„Wullemuck!“, rief die Weihnachtshexe erschrocken. „Das darf doch nicht wahr sein. Die Menschenkinder haben dich gesehen?“

„Ja, leider. Wulli Knulli dumm dumm dumm.“

Ole stellte den Rucksack auf den Boden und Wullemuck kletterte heraus. Während der Wichtel Runa alles erzählte, sahen sich die beiden Kinder in der gemütlichen Stube des Hexenhauses um und kamen aus dem Staunen nicht mehr heraus: In einer Ecke kehrte ein Besen allein den Boden, wie von Zauberhand geführt. Eine kleine flackernde Flamme flog wie ein Glühwürmchen durch die Luft und entzündete mehrere Kerzen, die in einer alten Teekanne steckten. Und auf der Bank vor dem grünen Kachelofen hüpften ein paar Kissen aufgeregt hin und her, weil sie einer Katze auswichen, die mit ihrer Tatze immer wieder nach ihnen schnappte. Plötzlich schepperte es hinter ihnen. Ole und Linni drehten sich um und entdeckten einen kupferfarbenen Garderobenständer, der auf sie zuwackelte. Er verbeugte sich klappernd, griff nach ihren Mützen und hängte sie an zwei Haken. Dann streckte er ihnen eine Stange entgegen, damit sie ihre Jacken daran aufhängen konnten.

„Das ist ja praktisch“, kicherte Linni. „Danke, Herr Garderobenmann! So einen brauchen wir zu Hause auch. Dann schimpft Mama nicht mehr, wenn alles auf dem Boden liegt.“

Ole gab ihr recht und machte es sich zwischen den Kissen auf der Bank bequem, während Linni in einem Schaukelstuhl hin- und herschaukelte. Er spürte die Wärme des Ofens in seinem Rücken, die von oben nach unten durch seinen Körper strömte und ihn ganz schläfrig machte. Auf einmal merkte Ole, wie angespannt er die ganze Zeit gewesen war. Im Dunkeln durch einen Wald zu laufen, mit einem unbekannten Ziel – das war unheimlicher gewesen als gedacht. Aber jetzt hatten sie es geschafft. Runa würde Wullemuck helfen, seine Zauberkraft zurückzubekommen, und dann konnten sie alle umkehren, zu Alva, zu ihren Eltern ...

Für einen Moment schloss er die Augen. Er hörte den Besen,

der immer noch kehrte, das Schnurren der Katze und die Glöckchen von Linnis Rentier, das sie die ganze Zeit mit sich herumgetragen hatte.

Plötzlich ertönte in der Stube ein entsetzter Schrei. „Oh nein, oh nein, das darf nicht sein!"

Ole öffnete die Augen. Wullemuck rannte aufgescheucht im Kreis herum.

„Wulli Knulli dumm dumm dumm!"

Ole und Linni sahen sich verwirrt an. Was war denn nun schon wieder los?

„Nicht ins Wandernde Dorf", hörten sie den kleinen Wichtel rufen. „Bitte nicht! Wie soll ich da denn hinkommen?"

Ole setzte sich mit einem Ruck auf. „Ins Wandernde Dorf?!"

Runa strich sich die langen Haare aus dem Gesicht und nickte betrübt. „Ich habe

Wullemuck gerade erklärt, dass ich nichts für ihn tun kann. Denn er wurde bereits zum dritten Mal von Menschen gesehen und das Gesetz der Wichtel besagt, dass man beim dritten Mal vor dem Wichtelmeister erscheinen muss, der dann entscheidet, was mit dem Gesehenen passiert."

„Aber ... das erste Mal ist ewig her", wimmerte Wullemuck. „So viele Jahre! Das zählt bestimmt gar nicht mehr."

„Doch", sagte Runa. „Leider schon. Es ist ganz egal, wie viele Jahre vergangen sind."

„Und du kannst da wirklich nichts tun?", fragte Linni. „Du bist doch die Weihnachtshexe! Du hast Zauberkräfte."

„Stimmt", sagte Runa. „Aber in diesem Fall bin ich machtlos. Es tut mir leid, wirklich, aber ich kann den Wichteln nur beim ersten und beim zweiten Mal helfen. Wenn sie zum dritten Mal gesehen werden, müssen sie im Tannenkreis erscheinen, wo der Hohe Rat der Wichtel tagt. Und dieser Tannenkreis befindet sich im Wandernden Dorf."

Oles Herz schlug auf einmal schneller. „Wo ist dieses Dorf?"

„Das weiß keiner", heulte Wullemuck. „Keiner, keiner ... weil es wandert und immer wieder woanders auftaucht. Uhuuu! Und es ist weit, weit weg, im Land des Ewigen Winters. So weit werde ich mit meinen kurzen Beinen nicht kommen, niemals. Ich werde nie wieder zaubern können."

„Ach Wullemuck!" Linni kniete sich auf den Boden und legte ihm tröstend eine Hand auf den Rücken. „Nicht weinen. Bitte. Vielleicht gibt es ja doch einen Weg."

„Ja, es wird schon klappen", sagte Ole und setzte sich zu Wullemuck und seiner Schwester. „Irgendwie."

Runa beobachtete einen Moment, wie die beiden Kinder sich um den unglücklichen Wichtel kümmerten, und auf ihrem Gesicht erschien ein Lächeln. „Ihr habt recht. Vielleicht gibt es einen Weg." Sie nickte und klatschte in die Hände. „Aber wisst ihr, was? Jetzt gehen wir erst mal ins Lebkuchenzimmer und frühstücken! Ihr seht nämlich aus, als hättet ihr großen Hunger. Und wenn wir gestärkt sind, fällt uns bestimmt etwas ein."

Ole sah ihr nach, wie sie mit ihrem schwingenden Kleid in einem Nebenraum verschwand, und spätestens jetzt stand für ihn fest, dass er verliebt war. Frühstück im Lebkuchenzimmer! Er konnte sich nicht daran erinnern, jemals so wunderbare Worte gehört zu haben.

Linni nahm Wullemuck auf den Arm und zusammen folgten sie der Weihnachtshexe in eine winzige Stube, in der ein alter Holztisch stand, der von einer Eckbank umgeben war. Runa zauberte gerade die leckersten Dinge auf den Tisch: frische Brötchen in der Form von Tannenbäumen, Eier, Honig, Pudding, Törtchen und Pfannkuchen. Eine fliegende Kanne schenkte heiße Schokolade in bunte Tassen und kleine Löffel wuselten aufgeregt über den Tisch, um ihren Platz zu finden.

Für all das hatte Ole aber kaum einen Blick, denn seine ganze Aufmerksamkeit galt der Wand hinter dem Tisch. Das Lebkuchenzimmer hieß offensichtlich so, weil die ganze Wand aus Lebkuchen bestand, die sich ineinanderfügten wie Mauersteine: Alle waren viereckig, manche mit Zuckerguss überzogen, manche mit

Schokolade und wieder andere hatten einen goldenen Stern in der Mitte.

„Linni“, zischte Ole. „Linni, sieh doch mal!“ Er tastete nach dem Arm seiner Schwester, die gerade kichernd den Kampf zweier Löffel beobachtete.

Als Linni aufsah, verstummte sie, denn auch sie begriff mit einem Mal, was dort an der Wand hing. „Das sind doch –“

„Die Lebkuchen, von denen Papa erzählt hat! Viereckig mit einem goldenen Stern.“

Die Weihnachtshexe lächelte. „Ihr könnt gerne einen probieren, wenn ihr wollt.“

Ole streckte seine Hand nach einem Lebkuchen aus. Er löste sich ganz leicht von der Wand und dahinter

war kein Stein zu sehen, sondern schon der nächste Lebkuchen, der nun nach vorne rückte, um das Loch wieder zu schließen.

„Wow“, staunte Linni. „Die gehen ja nie aus!“

Sie nahm einen großen Bissen von einem Schokoladenlebkuchen und wusste im selben Moment, dass ihr Vater recht gehabt hatte: Es waren die besten Lebkuchen der Welt. Sie schmeckten nach Nüssen und so vielen Gewürzen, dass ihr ganz schwindelig wurde. Sie schmeckten nach Musik, Kerzenlicht und Weihnachten.

Ole ging es genauso. Leicht benommen setzte er sich auf die Bank.
„War unser Vater auch mal hier?“
Wullemuck kletterte auf einen Stapel Kissen, um über den Tisch sehen zu können. „Warum fragst du?“
„Weil er uns von diesen Lebkuchen erzählt hat“, sagte Ole. „Aber er dachte, dass Alva sie gebacken hat.“
Der Weihnachtswichtel schüttelte den Kopf. „Alva? Nein, diese Lebkuchen gibt es nur hier. Das hat Siggi wohl vergessen.“
Ole starrte ihn an. „Siggi? Unser Vater heißt Sigurd! Aber manchmal wird er auch Siggi genannt.“
„Ich weiß“, sagte Wullemuck. „Siggi hat mich damals auch gesehen, als er noch ein kleiner Junge war. Und dann hat er mich zum Hexenhaus gebracht. Die ganzen Taschen hat er sich mit den Lebkuchen vollgestopft, Runa, erinnerst du dich?“
Die Weihnachtshexe lachte. „Ja, ja! Der kleine Siggi. Das war das zweite Mal, dass du gesehen worden bist, Wullemuck. Beim ersten Mal hat dich Alva entdeckt.“
Ole und Linni wechselten einen Blick und konnten kaum glauben, was sie da hörten. Ihr Vater hatte den Wichtel gesehen und an diesen Ort gebracht, genau wie sie?
„Das … Das verstehe ich nicht“, stammelte Ole. „Papa glaubt nicht an Wichtel! Mama baut jedes Jahr an Weihnachten eine Wichteltür bei uns auf und Papa macht immer Witze darüber. Er sagt, dass das alles nur Geschichten sind.“
Runa schwieg einen Moment. Ihre dunklen Augen glänzten. „Soso. Sagt er das.“

Ole und Linni nickten. Auf einmal war es ganz still im Zimmer. Nur ein kleiner Löffel rannte klirrend gegen eine Tasse.
„Wisst ihr, es gibt vier Sorten von Menschen“, sagte die Weihnachtshexe. „Es gibt die, die an das Zauberhafte in der Welt glauben und die, die nicht glauben. Es gibt die, die alles mit eigenen Augen gesehen haben. Und dann gibt es noch euren Vater. Er gehört zu der seltenen Sorte der Sehenden, die vergessen haben.“
Sie seufzte leise und hob die Hände, als würde sie das sehr bedauerlich finden. Auch Wullemuck senkte den Kopf und kaute schweigend auf seinem Früchtebrot herum.
Ole konnte es nicht fassen. *Er hat alles vergessen*, dachte er. *Papa hat alles vergessen!* Aber wie konnte das sein? Wie konnte man den Wichtel vergessen und vor allem: Wie konnte man Runa Talvi vergessen?
Neben ihm rutschte Linni unruhig auf der Bank herum. „Können wir einen Lebkuchen mitnehmen?“, fragte sie. „Für Papa! Dann erinnert er sich vielleicht wieder.“
Ole sah seine Schwester überrascht an. So klein sie auch war und sosehr sie ihn manchmal nervte – ab und zu hatte sie tatsächlich gute Ideen. „Ja, genau, wir bringen ihm einen Lebkuchen mit! Als Weihnachtsgeschenk. Dürfen wir das?“
Runa neigte lächelnd den Kopf. „Natürlich, Kinder. Ich packe euch gerne einen ein. Aber jetzt greift erst mal zu und esst! Ihr habt einen langen Weg hinter euch. Und wer weiß?“, sagte die Weihnachtshexe mit geheimnisvoller Stimme. „Vielleicht liegt noch ein sehr viel längerer Weg vor euch.“

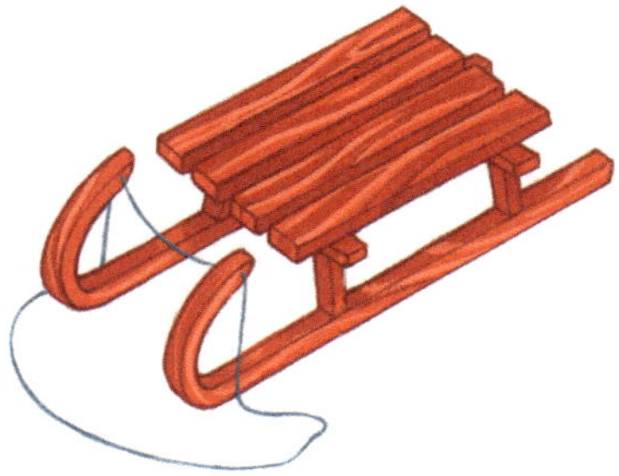

Die Zwergenbahn

Ole zuckte zusammen. Wo war er? Verwirrt richtete er sich auf und merkte, dass er in dem Schaukelstuhl neben dem Kachelofen saß, zugedeckt mit einer weichen Wolldecke. Seine Schwester schlief auf der Bank vor dem Ofen, mit ihrem Rentier im Arm. Sie waren immer noch in Runas Hexenhaus und hatten sich nach dem Frühstück nur kurz ausruhen wollen. Aber dann waren sie wohl eingeschlafen. Ole streckte sich und drehte den Kopf zum Fenster. Helles Tageslicht schien herein. Aus dem Nebenzimmer hörte er Stimmen. Runa Talvi schien mit irgendjemandem zu reden, aber es war nicht Wullemuck. Die andere Stimme klang tiefer und ein wenig grimmig.

„Menschenkinder? Was ist das denn für eine Idee, Runa? Ich nehme doch keine Menschenkinder mit!"

„Aber Wullemuck wird es allein nicht schaffen", sagte die Weihnachtshexe. „Er braucht Hilfe! Und ich kann ihn nicht begleiten, ich muss hier im Hexenhaus bleiben."

„Hilfe von Menschenkindern? Ha! Darauf würde ich mich nicht verlassen. Auf diese miesen kleinen Blumenzupfer –"

„Matti!“
„Menschenkinder machen alles kaputt. Menschenkinder helfen nicht.“
„Doch, das tun sie“, hörte Ole nun Wullemuck sagen. „Die Kinder haben mich hierhergebracht. Sie haben mir geholfen.“
„Und?“, fragte die grimmige Stimme. „Werden sie das auch weiter tun? Bist du dir da sicher?“
Ole lauschte gespannt, hörte aber nur noch ein undeutliches Murmeln. Er warf seine Decke zurück und stand auf. „He, Linni, psst!“ Er berührte seine Schwester an der Schulter und schüttelte sie. „Wach auf! Die reden über uns.“
Linni brummte nur und drehte sich um. „Mhmm, will schlafen ...“
„Nein, wach auf! Wir sind immer noch im Hexenhaus.“
Linni öffnete die Augen. „Was?“
„Wir sind bei Runa Talvi. Wir müssen nach dem Frühstück eingeschlafen sein.“
Linni sah sich verwirrt um. „Aber ... Aber wir müssen nach Hause. Zu Mama, zu Papa.“
„Ich weiß.“
„Sie warten bestimmt schon.“
„Ich weiß“, sagte Ole wieder. „Wir gehen auch nach Hause, Linni, bald. Aber vorher haben wir noch was zu erledigen.“
„Was?“
„Wir müssen Wullemuck helfen!“
Linni brauchte einen Moment, bis sie begriff, was ihr Bruder meinte. „Aber Wullemuck muss ins Wandernde Dorf! Zum Wichtelmeister.“

„Ja, genau, und das wird er allein nicht schaffen. Nur zusammen mit uns."
„Und wie ... wie sollen wir ihn da hinbringen?", fragte Linni.
Darauf hatte Ole keine Antwort, doch hinter ihm meldete sich plötzlich eine andere Stimme zu Wort.
„Es gibt einen Weg." Runa Talvi war unbemerkt in der Tür aufgetaucht und kam auf sie zu.
Auch Wullemuck tapste mit kleinen Schritten durch die Stube.
„Na, ihr beiden, habt ihr euch ausgeruht?"
Ole und Linni nickten.
„Ich habe gehört, worüber ihr gerade gesprochen habt." Die Weihnachtshexe setzte sich zu den Kindern an den Kachelofen und lächelte. „Ihr könnt euch also vorstellen, das Wandernde Dorf zu suchen? Es ist schwer zu finden. Es wechselt immer wieder den Ort. Trotzdem gibt es jemanden, der weiß, wie man dorthin kommt: der Kugelmann, auch bekannt unter dem Namen Gläserner Gustav."
Ole und Linni wechselten einen überraschten Blick. „Gläserner Gustav?"
„Ja, so nennt man ihn, weil er die schönsten Glaskugeln herstellt, die man sich vorstellen kann. Er lebt in Schlittenstadt, am Ende des Weißen Tals. Aber seine Kugeln muss er hin und wieder ins Wandernde Dorf bringen. Er arbeitet für die Wichtel und Weihnachtselfen, deshalb ist der Gläserne Gustav einer der wenigen, die wissen, wo sich das Dorf befindet."
„Das heißt, wir müssen zuerst zu ihm?", fragte Ole.
„Ganz genau", sagte Runa. „Nach Schlittenstadt."

Linni überlegte einen Moment. „Und warum heißt es Schlittenstadt? Gibt es dort viele Schlitten?"
Die Weihnachtshexe lachte. „Mehr, als du dir vorstellen kannst."
„Und Schnee?"
„Auch davon mehr, als du dir vorstellen kannst."
Linni bekam große Augen und ihre Zweifel schienen sich auf einmal aufzulösen wie schmelzende Schneeflocken in der Sonne. „Was meinst du, Ole, sollen wir?"
„Natürlich! Wir bringen Wullemuck ins Wandernde Dorf."
„Ja, wirklich?" Wullemuck war so gerührt, dass sich seine Augen mit Tränen füllten. „Ihr kommt mit? Es ist so ein weiter Weg, das würde ich allein nicht schaffen. Und Runa ... Runa kann mich auch nicht hinbringen. Sie muss in der Zeit vor Weihnachten hier im Hexenhaus bleiben, falls andere Wichtel ihre Hilfe brauchen."
Linni lächelte. „Aber wir können das tun. Wir werden dich tragen!"

„Wunderbar. Ich danke euch, Kinder." Runa strahlte und legte eine Hand auf ihr Herz. „Wisst ihr, mit jedem Wichtel, der seine Zauberkraft verliert, verliert auch das Weihnachtsfest ein wenig von seinem Glanz. Und das wollen wir doch nicht, oder?"

Ole schüttelte den Kopf und spürte, wie sich ein aufgeregtes Kribbeln in ihm ausbreitete, von den Füßen bis in die Spitzen seiner Finger. Ein Abenteuer wartete auf sie, ein großes Abenteuer!

„Es wird nicht leicht", sagte Runa. „Doch ich kenne jemanden, der euch ein Stück auf eurer Reise begleiten kann. Er wartet draußen. Matti, kommst du mal bitte?"

Ole und Linni sahen gespannt zur Tür und hörten zuerst nur ein widerwilliges Brummen.

„Jetzt komm schon!", rief die Weihnachtshexe. „Sie tun dir nichts."

„Pfft! Menschenkinder ... Bei denen weiß man nie." Ein kleines grauhaariges Männlein trat in die Stube. Es war gerade mal so groß wie Linni, hatte einen spitzen Bart und eine knollenförmige Nase, die an eine Kartoffel erinnerte. Seine Kleider waren braun und an seinem Gürtel klapperten verschiedene Werkzeuge. Über der Schulter trug es einen Leinensack, aus dem ein Zweig mit getrockneten Blättern herausragte.

„Das ist Matti", sagte Runa. „Er ist einer der Wurzelzwerge, die unter der Erde für Ordnung sorgen. Er musste heute ein paar Heilkräuter bei mir abholen und ich dachte, er kann euch auf dem Rückweg vielleicht mitnehmen. Unter der Erde kommt ihr nämlich viel schneller voran als oben."

„Schneller, schneller ... Ja, ja. Bei den Menschen muss immer alles schnell gehen.“ Der Zwerg musterte Ole und Linni wenig begeistert von oben bis unten. „Passen die überhaupt in den Wagen? Das Mädchen vielleicht, aber der Junge ist größer als ein Zwerg.“

„Na, zum Glück“, sagte Ole. Er biss sich jedoch sofort auf die Lippe, weil Matti ihm einen finsteren Blick zuwarf.

„Das wird schon gehen“, sagte die Weihnachtshexe. „Ole kann sich ja ein wenig klein machen.“

„Klein machen, ha! Das wäre gut, wenn die Menschen sich mal klein machen würden, dann wären ihre Fußabdrücke auf der Erde nicht so groß“, schimpfte der Zwerg. „Aber leider geht das ja nicht. Also, wenn der Junge mit zwanzig Beulen wieder aus dem Tunnel kommt, bin ICH nicht schuld – damit das klar ist.“

„Ja, ja, ist klar“, seufzte Runa.

„Welcher Tunnel?“, fragte Ole. „Und welcher Wagen? Wovon redet ihr?“

Er sah verwirrt von Runa zu Matti, aber es war Wullemuck, der ihm antwortete.

„Na, von der Zwergenbahn“, sagte der Wichtel. „In die steigen wir jetzt ein.“

„In die Zwergenbahn?“, fragte Linni. „Was ist das?“

Matti stöhnte auf. „Kann es irgendjemand diesen Menschenkindern erklären? Ich warte solange im Garten.“ Er drehte sich um und verschwand durch die Tür.

„Die Zwergenbahn verbindet unter der Erde viele Orte miteinander“, sagte Wullemuck. „Damit können die Zwerge überall hinfahren! Und eine Haltestelle ist hier, am Hexenhaus. Weil Runa sich nicht nur um Weihnachtswichtel kümmert, sondern auch um Wurzelzwerge und Waldtiere.“

„Verstehe“, sagte Ole, obwohl er sich immer noch nicht richtig vorstellen konnte, was nun auf ihn und seine Schwester zukam.

Die Kinder zogen ihre Jacken an und setzten ihre Mützen auf. Linni nahm Wullemuck auf den Arm und folgte Ole und Runa Talvi in den Garten des Hexenhauses. Auf der Wiese glitzerten kleine Eiskristalle in der Morgensonne und viele Vögel flogen aufgeregt um eine Schale mit Futter herum. Auch ein Eichhörnchen schnappte sich eine Nuss und verschwand mit seiner Beute hüpfend im Wald.

Ole sah sich um. „Und wo ist jetzt die Zwergenbahn?“

„Hier!“

Matti stand vor einem kleinen Anbau und hob die Hand. Auf den ersten Blick war es ein gewöhnlicher Holzschuppen, aber hinter einer quietschenden Tür führte eine steinerne Treppe steil nach unten.

Wohin sie führte, war nicht zu erkennen, denn die unteren Stufen wurden von der Dunkelheit verschluckt.
„Ich muss mich nun leider von euch verabschieden“, sagte die Weihnachtshexe. Sie reichte den Kindern einen Beutel mit Proviant und eine kleine tannengrüne Schachtel, die mit einem Band umwickelt war. „Das sind die Lebkuchen für euren Vater: viereckig, mit einem goldenen Stern. Ich hoffe, sie bringen Siggi die eine oder andere Erinnerung zurück.“

Ole und Linni bedankten sich und Runa Talvi gab ihnen noch ein zweites Paket, das ebenfalls nach Zimt und Schokolade roch.
„Und diese Lebkuchen sind für Matti! Aber er bekommt sie erst, wenn er euch bis zum Weißen Tal gebracht hat. Vorher nicht. So hab ich es mit ihm ausgemacht.“
„Alles klar.“ Ole packte Proviant und Lebkuchen in seinen Rucksack und verschloss ihn fest mit mehreren Knoten. Matti beobachtete ihn dabei mit finsterer Miene, dann drehte er sich um und stieg mit einer Laterne in der Hand die Treppe hinunter.
Die Weihnachtshexe umarmte Linni und Ole zum Abschied. „Viel Glück, ihr beiden! Und passt gut auf Wullemuck auf.“
„Danke, Runa“, murmelte der Wichtel. „Danke für alles!“
Die Weihnachtshexe lächelte und winkte ihnen nach, während sie die steinerne Treppe hinunterstiegen. Die Stufen wurden immer schmaler und flacher, je tiefer sie kamen.

Ole verstand nun, warum Runa Talvi oben im Garten geblieben war, denn hier unten konnte kaum ein Erwachsener mehr aufrecht stehen. Er selbst zog immer wieder den Kopf ein und duckte sich, während sie einen dunklen Gang entlanggingen, der schließlich in einer Höhle endete.

„Oh! Was ... Was ist denn das?“ Linni sah sich um und ließ vor Staunen fast den kleinen Wichtel fallen, den sie immer noch auf dem Arm trug.

„Hilfe! Linni, aufpassen!“ Wullemuck klammerte sich quiekend an ihren Schal.

Linni drückte ihn wieder an sich und rückte gleichzeitig näher an ihren Bruder heran. Denn so tief unter der Erde zu sein, machte ihr doch ein wenig Angst.

Sie waren in einem unterirdischen Gewölbe angekommen.

Die steinernen Wände um sie herum wurden von Laternen in ein warmes Licht getaucht. Hier und da ragten Wurzeln zwischen den Felsen hervor und zwei dieser Wurzeln rankten sich um ein Schild, auf dem in geschwungenen Buchstaben ein Wort geschrieben stand: *HEXENHAUS*.

Wie das Schild einer Haltestelle, dachte Ole und auf einmal wurde ihm klar, dass es genau das war. Sie befanden sich in einem Bahnhof!

Denn vor ihnen stand auf schmalen, rostigen Schienen ein kleiner Zug mit drei roten Wagen.

Die Zwergenbahn wurde gezogen von einer winzigen Lok, hatte goldene Griffe an den Türen und offene Waggons wie eine Achterbahn. Der letzte Wagen war bereits mit allerlei Säcken

vollgepackt und Matti warf nun auch noch den Sack mit Runas Heilkräutern hinein, sodass für die Kinder kein Platz mehr war.
„Ich bin der Lokführer“, sagte Matti. „Ihr könnt euch auf die anderen Wagen verteilen.“
Linnis Angst verschwand mit einem Mal, dafür kribbelte es nun in ihrem Bauch. Aufgeregt nahm sie zusammen mit Wullemuck und ihrem Rentier im ersten Wagen Platz, während Ole versuchte, sich allein in den zweiten zu quetschen, was mit seinen langen Beinen nicht so einfach war. Er fühlte sich wie ein Zehnjähriger, der in einem Freizeitpark aus Versehen in eine Bahn für Dreijährige geraten war.

„Wir fahren mit der Zwergenbahn, wir fahren mit der Zwergenbahn“, sang Linni und zappelte voller

Vorfreude auf der schmalen Holzbank herum. „Wir fahren mit der Zwergenbahn!“

„RUHE!“ Matti kletterte auf seinen Sitz in der Lok und drehte sich zu seinen Fahrgästen um. „Wir fahren durch das Wurzelreich der Zwerge. Das habt ihr mitbekommen, ja? Es ist auch das Reich der Pflanzen und Tiere, von denen gerade viele Winterschlaf halten. Also seid leise und kommt nicht auf die Idee, während der Fahrt auszusteigen, verstanden? Ich bringe euch zum Weißen Tal. So habe ich es mit Runa besprochen.“

Er zog an einer Kordel, die neben ihm hing, und das helle Klingeln einer Glocke hallte durch die Bahnhofshöhle.

„Achtung, Abfahrt!“

Der Zwerg drückte einen Schalter nach vorn und die kleine rote Bahn setzte sich ruckelnd in Bewegung.

Eine abenteuerliche Fahrt

Die Bahn schlängelte sich in vielen Kurven durch das geheimnisvolle Wurzelreich. Ole und Linni wussten gar nicht, wo sie zuerst hinschauen sollten, so viel gab es während ihrer Fahrt zu entdecken. Sie durchquerten kleine und große Höhlen, fuhren an Felswänden und Steintürmen vorbei, die aus dem Boden wuchsen wie graue Bäume. Mächtige Wurzeln bohrten sich durch die Decke und verzweigten sich zu feinen Ästen, die sich weit nach unten streckten, als würden sie in der Erde nach Halt suchen. An manchen dieser Wurzeln hingen Laternen, aber auch Glühwürmchen und Leuchtkäfer blinkten in den dunklen Ecken des Wurzelreichs. Immer wieder kreuzten sie mit ihrer Bahn andere Schienen, die durch die Erde führten wie in einem Labyrinth. Am schönsten fand es Linni, wenn sie über Brücken fuhren und sich unter ihnen stille schwarze Seen ausbreiteten. Oder wenn sie an glitzernden Kristallen vorbeifuhren, die sich wie verborgene Schätze zwischen den Felsen versteckten. Ole fand vor allem die kleinen Bahnhöfe spannend, an denen sie vorbeikamen. Auf den Schildern konnte er die Namen der Stationen lesen: *Kaninchenbau*, *Zwiebelhöhle*, *Krokuswald* und

Maulwurfshausen. Er wäre zu gerne einmal ausgestiegen, um zu erkunden, was sich dahinter verbarg, aber das hatte der schlecht gelaunte Matti ihnen ja verboten.
„Können wir eigentlich auch schneller fahren?", fragte Ole, als die Zwergenbahn einmal sehr langsam durch einen Tunnel tuckerte. „Ich meine, nur so ein bisschen. Wäre das möglich?"
„Natürlich kann ich schneller fahren", sagte Matti. „Aber das tu ich nicht, weil Menschenkinder so viel Süßes essen."
„Hä?" Ole verstand den Zusammenhang nicht. „Wie meinst du das?"
„Ich meine, dass ihr gerade im Haus der Weihnachtshexe wart und sehr viel Lebkuchen, Pudding und Schokolade gegessen habt", antwortete Matti. „Und wenn ich jetzt schneller fahre, wird euch bestimmt schlecht. Das passiert Menschenkindern nämlich oft, hab ich gehört, auch in diesen fahrbaren Zimmern, mit denen ihr immer unterwegs seid."
„Fahrbare Zimmer?", fragte Linni.
„Er meint Autos", flüsterte Wullemuck.
„Ach so!" Linni musste lachen. „Nein, nein, Matti, mir wird beim Autofahren nicht schlecht. Du kannst ruhig schneller fahren."
Aber Matti brummte nur vor sich hin und fuhr langsam weiter. Sehr langsam. Im Schritttempo ratterte die Bahn durch einen engen Tunnel, während von der Decke kalte Wassertropfen auf sie herunterfielen. Ole duckte sich und fluchte leise. Dieser mürrische Zwerg ging ihm langsam auf die Nerven.
„Bestimmt kannst du es nicht!", rief er in Mattis Richtung. „Auch okay. Ich meine, Zwerge sind eben nicht die Schnellsten und ihre

Bahnen auch nicht, schon verstanden.“

Wullemuck drehte sich erschrocken um. „Nicht, Ole, hör auf! Du machst ihn wütend, wenn du so redest.“

Aber Ole dachte nicht daran, aufzuhören. „Wieso denn? Matti kann es doch einfach zugeben! Er kann sagen: Ich bin ein Zwerg, ich bin langsam, viel langsamer als Menschen und –“

Weiter kam er nicht, denn Matti drückte plötzlich den Schalter um drei Stufen nach vorne. Die Zwergenbahn machte einen Satz und raste so schnell durch den Tunnel, dass Ole und Linni gar nicht mehr erkennen konnten, wann er zu Ende war. Alles flog an ihnen vorbei und verschwamm vor ihren Augen. Sie schrien und Linni hielt sich am Griff ihres Wagens fest, während die Bahn durch das Wurzelreich flitzte und eine Kurve nach der anderen nahm. Die Kinder wurden hin- und hergeschleudert, rasten ungebremst in einen Abgrund, nur um kurz darauf wieder wie eine Rakete nach oben zu zischen. Wullemuck klammerte sich wimmernd an Linni, die mit geschlossenen Augen nach ihrer Mutter rief – „MAMAAA!“ – und nur noch hoffte, dass diese Fahrt bald vorüber war.

Zum Glück näherten sie sich zwei Kurven später einem Bahnhof und Matti schaltete wieder ein paar Gänge zurück. Die Zwergenbahn wurde langsamer. Sie fuhr an das Bahngleis heran, bremste ab und kam zum Stehen.

„So. Da sind wir“, sagte Matti. „Nicht im Weißen Tal, aber im Wurzeldorf. Ich muss hier kurz was abliefern.“

Er sprang von seinem Sitz herunter, als wäre nichts gewesen, und Ole und Linni richteten sich mit bleichen Gesichtern auf.

„Äh … was?“, fragte Ole.

„Was abliefern“, wiederholte der Zwerg und zerrte einen Sack aus dem letzten Wagen. „Und WEHE, ihr spuckt mir jetzt in den Wagen!“ Er hob drohend den Finger und ging mit dem Sack über der Schulter davon.

Linni schluckte. Ihr war tatsächlich ein wenig schlecht nach dieser wilden Fahrt, aber Ole schüttelte sich nur und lachte.

„War das krass. Der hat echt einen Knall, der Zwerg!“

„Ja, und du hast ihn noch geärgert“, beschwerte sich Linni. „DU bist schuld, dass wir fast gestorben wären!“

„Fast gestorben? Ach komm, jetzt übertreib nicht! Wir sind einfach nur Achterbahn gefahren.“

„Das war keine Achterbahn, das war ein Albtraum!“, fuhr Linni ihn an. „SO fahr ich ganz sicher nicht weiter.“

„Aber es macht doch Spaß!“

„MIR NICHT!“

„Mir ... mir auch nicht“, wimmerte Wullemuck. „Ich bin noch nie Achterbahn gefahren. Ich reise sonst immer so: *schnipp!*“ Er schnippte mit den Fingern und seufzte. „Aber das geht ja leider nicht mehr.“

„Eben“, sagte Ole. „Und deshalb müssen wir schneller fahren, damit du schnell wieder *schnipp* machen kannst.“

„Vergiss es“, zischte Linni. „Wenn wir noch einmal Achterbahn fahren, steig ich aus.“

Ole zuckte mit den Schultern. „Alles klar! Viel Spaß im Wurzelreich. Kannst ja in eine Zwergenhöhle ziehen.“

„Haha.“

„Ja! Da passt du doch gut rein. Ich feier dann zu Hause mit Mama und Papa allein Weihnachten. Ist auch besser, ohne dein Geschrei.“ Wullemuck schnappte entsetzt nach Luft und Linnis Augen füllten sich mit Tränen.

„Du bist so gemein!“

„Und du bist langweilig“, gab Ole zurück. „Ich meine, wir könnten so viel Spaß haben! Aber NEIN, meine Schwester will nicht. Und es muss ja immer alles so gemacht werden, wie SIE das will.“

„Stimmt doch gar nicht!“, fuhr Linni ihn an. „Es muss immer alles so gemacht, wie DU das willst, du ... du .... Zieh DU doch in eine Zwergenhöhle! Dann kannst du jeden Tag Achterbahn fahren und ich muss dich nicht mehr sehen, das wäre das beste Weihnachtsgeschenk!“

„Stopp! Aufhören!“ Wullemuck wedelte aufgeregt mit seinen kleinen Wichtelarmen. „Keiner zieht in eine Höhle, ja? Wir fahren zusammen weiter. Damit ihr dann auch ZUSAMMEN Weihnachten feiern könnt, das wäre mir wichtig.“ Er machte eine Pause und holte tief Luft. „Puh! Ich verstehe nicht, warum ihr manchmal so gemeine Sachen sagt. Könnt ihr nicht einfach Freunde sein?“

„Freunde?!“

Ole schüttelte den Kopf. „Wir sind keine Freunde, wir sind Geschwister."
„Ja, und Geschwister können keine Freunde sein?"
„Nein", sagten Ole und Linni und waren sich darin ausnahmsweise einig.
„Aber warum denn nicht?", fragte Wullemuck.
Ole verdrehte genervt die Augen. „Na, weil das was anderes ist! Freunde sucht man sich aus und Geschwister ... Geschwister sind halt einfach da."
Wullemuck sah verwirrt von einem zum anderen. „Einfach da ... hm. Das hört sich aber nicht gut an."
„Ist es auch nicht", sagte Ole. „Geschwister zu haben, ist anstrengend. Vor allem Schwestern. Brüder gehen ja noch, aber Schwestern ..."
Er verzog das Gesicht, als hätte er darunter wirklich sehr zu leiden, und Linnis Augen verengten sich zu schmalen Schlitzen. Sie warf ihm einen wütenden Blick zu und öffnete den Mund, um etwas zu erwidern – aber sie kam nicht dazu, denn auf dem Bahnhof tauchten plötzlich mehrere Wurzelzwerge auf. Sie trugen Schaufeln und Säcke und blieben verwundert stehen, als sie die Kinder entdeckten.
„Schaut mal, da!", rief einer. „Menschenkinder! Da sitzen Menschenkinder in der Bahn."
Eine Zwergin hob neugierig ihre Laterne. „Was macht ihr hier?", fragte sie.
„Wir ... ähm ... Wir müssen zum Wandernden Dorf", sagte Ole.
Die Zwerge bekamen große Augen und steckten die Köpfe zusammen. „Zum Wandernden Dorf, habt ihr das gehört?"

„Ja, ja … Haben sie gesagt … Zum Wandernden Dorf!“

„Uiuiui … Was wollen sie denn da?“

„Das finden sie doch nie!“

Die Zwergin mit der Laterne drehte sich wieder zu ihnen um.

„Zum Wandernden Dorf kommt ihr aber nicht mit der Zwergenbahn, das wisst ihr?“

„Ja, wissen wir“, sagte Ole. „Matti fährt uns nur bis zum Weißen Tal. Dort steigen wir aus.“

Nun wurden die Augen der Zwerge noch größer.

„MATTI?“

„Matti fährt Menschenkinder herum?“

„Haha! Ausgerechnet Matti!“

„Das muss sich Runa ausgedacht haben.“

„Hi, hi, hi!“

„Ho, ho!"
Die Zwerge bogen sich vor Lachen.
„Was ist daran so lustig?", fragte Linni.
„Na, wegen Matti! Weil er bekannt dafür ist, dass er Menschenkinder nicht mag", sagte ein junger Zwerg. „Und ausgerechnet bei IHM landet ihr im Wagen."
„Ja, ja, stellt euch vor: Er schimpft immer, dass alle Menschenkinder Blumenzupfer sind. Nur, weil manche von ihnen seine Schneeglöckchen pflücken."
„Das sind Mattis Lieblingsblumen", erklärte eine Zwergin mit geflochtenen Zöpfen. „Die ersten, die nach dem Winter die Köpfe aus der Erde strecken. Er bewacht die Blumenzwiebeln hier unten und kümmert sich um sie – und wenn es Zeit ist, dann weckt er sie und bringt sie zum Blühen."
„Eine schöne Aufgabe", sagte Linni, die Schneeglöckchen auch sehr gerne mochte.
Die Zwergin mit der Laterne nickte. „Matti hat schon viele wunderbare Gärten angelegt. Aber manchmal kommt es eben vor, dass Menschenkinder seine Schneeglöckchen zertreten. Hu! Dann wird er wütend. Dann schimpft er in seiner Hütte, so laut, dass es im ganzen Wurzeldorf zu hören ist: Blumenzupfer! Trampeltiere! Riesenlatschen!"
Die Wurzelzwerge lachten, aber Linni gab ihnen schnell ein Zeichen, weil in diesem Moment Matti wieder auf dem Gleis auftauchte.
„Psst! Er kommt!"
Die Zwerge verstummten.

„Was ist denn das hier für eine Versammlung?“, knurrte Matti. „Habt ihr nichts Besseres zu tun, als am Bahnhof herumzuhängen, nein? Geht mal ins Dorf, dort ist einiges los: Ein Schlafloser wurde gesehen, wie er sich ein paar Krokusse geschnappt hat. In der Nähe der Maushöhle gab es einen Erdrutsch und der kranke Siebenschläfer ist auch schon wieder aufgewacht. Also, worauf wartet ihr? Bringt ihn wieder zum Schlafen!“

Die anderen Zwerge seufzten.

„Ja, ja, machen wir, Matti.“

„Sind schon unterwegs.“

„Gute Reise, Kinder!“

Sie winkten Ole und Linni zum Abschied zu und gingen durch ein Felsentor, hinter dem schemenhaft ein paar Lichter und Hütten zu erkennen waren.

Linni hob neugierig den Kopf. „Ist da das Wurzeldorf?“, fragte sie. „Dürfen wir uns das mal ansehen?“

„Nein“, sagte Matti. „Nicht, wenn es nach mir ginge.“ Er zog an der Glocke und legte den Schalter um. „Aber wenn wir weiterfahren, lässt es sich leider nicht vermeiden.“

Angriff der Schlaflosen

Die Zwergenbahn fuhr in einer weiten Kurve um einen Hügel herum, dann öffnete sich der Blick und Ole und Linni staunten: Von einer Brücke schauten sie auf das ganze Wurzeldorf hinab, das von Felsenwänden eingeschlossen in einem Tal lag. Überall standen kleine Holzhütten, verbunden durch Wege und Stufen.

Einige Häuser waren auch in Höhlen hineingebaut, die man nur über Leitern erreichte. Hinter den winzigen Fenstern flackerten Lichter. An einer Seilbahn wurden Körbe von einer Talseite zur anderen gezogen und überall waren Zwerge unterwegs, die irgendeiner Beschäftigung nachgingen: Sie klopften und hämmerten, machten Feuer oder hängten Kleider an Wäscheleinen auf. Mitten durch das Dorf floss ein dunkel glänzender Bach, in dem sich das Licht der Laternen spiegelte.
„Oh, wie schön“, sagte Linni. „Und da wohnst du?“
„Da wohne ich“, brummte Matti. „Zusammen mit vielen anderen Wurzelzwergen.“
„Und was machen die alle?“, fragte Ole.
„Na, was machen die wohl?! Die Wurzelzwerge kümmern sich um

alles, was unter der Erde passiert. Um die Pflanzen und Tiere, die hier leben. Wir schauen, dass sie alle gut durch den Winter kommen, dass die Wurzeln der Bäume gut wachsen können, und stellen Fallen auf, um die Schlaflosen zu fangen."

Ole horchte auf. Die Schlaflosen? Davon hatte Matti vorher schon gesprochen. „Wer sind denn die Schlaflosen?"

„Das willst du nicht wissen, Menschenjunge." Matti schüttelte den Kopf und ließ die Bahn wieder schneller fahren. Nicht so schnell wie eine Achterbahn, aber auch nicht zu langsam. Die Geschwindigkeit war genau richtig, fand Linni, und auch Ole wollte sich nicht beschweren.

Sie ließen das Wurzeldorf hinter sich und fuhren durch eine Höhle mit mehreren Steinsäulen, die aus dem Boden wuchsen oder spitz von der Decke hingen wie die Zähne eines Monsters. Unheimliche Schatten wurden an die Wände geworfen. Linni schauderte es. Sie drückte Wullemuck und ihr Rentier ein wenig fester an sich und duckte sich, als sie wieder durch einen Tunnel fuhren.

In der nächsten Höhle hatten sie eine lange, gerade Strecke vor sich, doch Matti bremste plötzlich ab. Die Räder der Zwergenbahn quietschten laut und Ole wurde nach vorn geschleudert.

„He! Wieso hältst du an?"

Matti antwortete nicht, sondern kletterte grummelnd von seinem Sitz und ging zu den Schienen, die vor ihm lagen. Auch Ole stieg aus und sah, dass der Zwerg aus einem guten Grund angehalten hatte: Mitten auf der Strecke machte ein großer Haufen Steine jede Weiterfahrt unmöglich.

„Oje, wie kommen denn die ganzen Steine da hin?“, fragte Ole.
Doch Matti antwortete nicht, sondern legte den Finger an die Lippen und bedeutete ihm, still zu sein. Mit finsterer Miene blickte er sich um.
„Was ist?“, flüsterte Ole.
Auch Linni und Wullemuck stiegen nun aus, um sich das Hindernis anzusehen. „Sollen wir helfen, die Steine wegzuräumen?“, fragte Linni. „Dann geht es schneller.“
„Psst!“
„Was?“
„Die Steine hat dort jemand abgelegt“, raunte Matti. „Mit voller Absicht. Jemand, der wollte, dass wir anhalten.“
Linni schluckte. „Was? Aber wer denn?“
„Die Schlaflosen!“
Ole sah sich beunruhigt um. „Sind das Tiere?“, fragte er.
„So etwas Ähnliches“, zischte Matti. „Kreaturen der Unterwelt. Die Schlaflosen halten keinen Winterschlaf. Sie sind den ganzen Winter wach und treiben unter der Erde ihr Unwesen. Nichts als Unsinn haben sie in ihren zerzausten Köpfen! Sie wecken die Tiere aus ihrem Winterschlaf und klauen unsere Blumenzwiebeln. Und manchmal machen sie auch die Wurzeln der Bäume kaputt.“
Wullemuck quiekte erschrocken auf und versteckte sich hinter Oles Bein.
„Und ... Und du meinst, sie sind irgendwo hier?“, fragte Linni mit zitternder Stimme.

Matti nickte und hielt seine Laterne hoch. Im selben Moment löste sich ein Schatten aus einer dunklen Ecke und sprang auf sie zu. Ole, Linni und Wullemuck schrien auf.

„Ha! Hab ich es doch gewusst“, knurrte Matti. „Da ist einer.“

„Falsch, Zwerg! Da ist nicht einer, da sind zwei.“ Hinter dem ersten Schlaflosen trat nun noch ein weiterer hervor und beide grinsten so breit, dass man ihre schiefen gelben Zähne sehen konnte. Sie waren von oben bis unten mit Fell bewachsen, doch es war kein schönes Fell, sondern rau und zerzaust. Von ihren Köpfen standen wilde Büschel ab und ihre Gesichter erinnerten Ole an Raubkatzen. Sie liefen auf zwei Beinen wie Menschen und Zwerge, aber ihre Füße hatten lange, scharfe Krallen.

„Wie nett, dass ihr vorbeikommt“, krächzte einer der Schlaflosen. „Wir warten hier schon eine ganze Weile. Uahh! Es war so laaangweilig!“ Er riss sein Maul auf und gähnte.

Ole wurde schlecht, als er seinen fauligen Atem roch.

„Aber es hat sich gelohnt, das Warten“, sagte der andere Schlaflose und rieb sich gierig seine behaarten Klauenhände. „Oh ja! Schöne Sachen haben sie dabei ... und Kinder. Menschenkinder! Mit Klingeldingen.“ Er schnupperte neugierig an Linni und riss ihr plötzlich das Rentier mit den Glöckchen aus dem Arm. „Ha! So was haben wir noch nicht.“ Er warf das Kuscheltier dem anderen Schlaflosen zu und Linni schrie entsetzt auf.

„NEIN! Nicht Glöckchen!“

Das Rentier klingelte und bimmelte, während es von den struppigen Fellmonstern durch die Luft geworfen wurde.

„Das ist meins!“, heulte Linni. „Gebt mir Glöckchen zurück!“
„Sofort“, forderte Wullemuck. „Gebt es wieder her!“ Er hob seine kleine Wichtelfaust, aber die Schlaflosen beachteten ihn gar nicht.
„Haha, hörst du das? Bimmel, bimmel. Damit können wir bestimmt ein paar Siebenschläfer aufwecken“, lachte einer.
„Und wenn wir schon von Glöckchen reden ... Dann nehmen wir DIE auch noch mit.“ Der andere Schlaflose sprang zum hintersten Wagen und zog einen Beutel heraus. Nun war es Matti, der aufschrie.
„NEIN! Nicht meine Schneeglöckchen!“
„Doch, Zwerg, genau die. Mjam, mmh ... Schneeglöckchen sind so lecker!“
Der Schlaflose strich sich mit seiner langen, klebrigen Zunge um das Maul und schmatzte, dann verschwanden beide Monster wieder in der Dunkelheit der Höhle.

„HALT!“, rief Matti. „Stehen bleiben!“

Doch von den Schlaflosen war nichts mehr zu sehen. Nur das leise, aufgeregte Klingeln von Linnis Rentier hallte aus irgendeiner Ecke zu ihnen zurück.

„Glöckchen!“, schluchzte Linni. „Sie haben Glöckchen!“

„Und meine Blumenzwiebeln“, knurrte Matti. „Los! Hinterher!“

Er nahm seine Laterne und lief, so schnell ihn seine kurzen Zwergenbeine trugen, den Angreifern nach. „Wir müssen dem Klingeln folgen“, schnaufte er. „Dann wissen wir, wo sie sind.“

„Ja! Ja, hinterher!“ Linni sah durch den Schleier ihrer Tränen kaum noch, wo sie hintrat. Sie setzte nur irgendwie einen Schritt vor den anderen und stolperte dem Zwerg hinterher.

„Was machen sie denn, wo wollen sie hin?“, fragte Wullemuck.

„Keine Ahnung! Sie wollen diese Monster verfolgen.“ Ole holte schnell seine Taschenlampe aus dem Rucksack, setzte den Wichtel hinein und folgte seiner Schwester. „Linni, halt! Ihr könnt doch nicht einfach weglaufen.“

Doch Linni hörte nicht auf ihn, sondern rannte weiter dem Zwerg und seinem wackelnden Laternenlicht hinterher. Beide riefen immer wieder nach „Glöckchen“, meinten damit aber verschiedene Dinge: Linni dachte an ihr Rentier, Matti an seine Blumenzwiebeln.

„Das darf doch nicht wahr sein“, schimpfte Ole. „Wir wollten ins Weiße Tal! Und jetzt jagen wir unter der Erde irgendwelche Monster. AUTSCH!“ Er stieß mit dem Kopf gegen einen Felsen und rannte fluchend weiter, bis er Linni und Matti endlich eingeholt und zum Stehen gebracht hatte. „Jetzt wartet doch mal!“

„Nein! Wir müssen sie verfolgen“, forderte der Zwerg. „Weißt du, was die Schlaflosen mit Blumenzwiebeln machen? Sie essen sie! Meine Schneeglöckchen. Sie werden jedes einzelne verschlingen und dann wird keines davon blühen.“

Linni erschrak. „Essen sie auch Kuscheltiere?“

„Denen trau ich alles zu“, knurrte Matti.

„Glöckcheeeen!“ Linni heulte auf und wollte weiterrennen, aber Ole hielt sie zurück.

„STOPP! Das bringt doch nichts. Wir können nicht einfach kreuz und quer durch das Wurzelreich rennen, wir werden uns verirren.“

„Ihr vielleicht“, sagte Matti. „ICH kenne mich hier aus.“

„Aber die Schlaflosen sind viel schneller! Sie sind längst weg. Bitte, das hat keinen Sinn“, sagte Ole. „Wir müssen zurück zur Bahn.“

„Aber ... Aber ... Glöckchen“, schluchzte Linni. „Wir müssen Glöckchen finden!“

„Nein, wir müssen Wullemuck zum Wandernden Dorf bringen – deshalb sind wir hier.“

„Mooooment!“ Der kleine Wichtel meldete sich plötzlich aus seinem Rucksack zu Wort. „Da muss ich mich einmischen, Ole, tut mir leid. Ich habe vielleicht meine Zauberkraft verloren, aber ich bin immer noch ein Weihnachtswichtel.

Und als Weihnachtswichtel sorge ich dafür, dass die Menschen ein schönes Fest haben. Nur wie soll Linni ein schönes Fest haben, wenn sie unter dem Tannenbaum sitzt und an ihr aufgefressenes Kuscheltier denkt, hm? Das geht nicht! Nein, das kann ich nicht zulassen." Wullemuck schüttelte so entschlossen den Kopf, dass seine Zipfelmütze hin- und herwackelte. „Das ist nämlich ein Problem von euch Menschen: Ihr rennt so oft den falschen Zielen hinterher! Ihr glaubt immer, irgendetwas tun zu müssen, etwas ganz Wichtiges. Und dann seid ihr so beschäftigt, dass ihr auf das Wichtigste nicht achtet: auf das Glück in eurem Herzen."

„Die Menschen achten auf vieles nicht", sagte Matti.

„Glöckchen!", schluchzte Linni.

Ole verdrehte genervt die Augen. „Also gut. Wir retten Glöckchen. Aber es bringt nichts, wenn wir einfach weiterrennen! Wir brauchen einen Plan."

„Da! Es klingelt wieder." Matti hob die Hand und horchte in einen dunklen Tunnel hinein. „Das kommt aus dieser Richtung!"

Linni zögerte keine Sekunde und rannte los, gefolgt von dem Wurzelzwerg mit seiner wackelnden Laterne.

„Ähm ... Hab ich nicht gesagt, wir brauchen einen Plan?", fragte Ole.

„Hast du gesagt. Haben sie aber nicht gehört." Wullemuck gab ihm einen leichten Klaps und zeigte nach vorne in den Tunnel. „Na los, Ole, hinterher!"

Ole fluchte leise, sah aber ein, dass er keine Wahl hatte. Und so duckte er sich und folgte seiner Schwester und dem Zwerg, Schritt für Schritt, in die verborgenen Winkel des Wurzelreichs.

Die Falle

Der Tunnel war so niedrig, dass Ole sich mehrmals den Kopf anschlug.
„Autsch! Schon wieder."
Er wollte lieber nicht daran denken, wie viele Beulen er aus dem Wurzelreich mit nach oben bringen würde – wenn sie überhaupt jemals wieder nach oben kamen! Auf die Erde. Ans Licht. Im Moment sah es jedenfalls nicht danach aus.
Im Moment stolperte er seiner Schwester hinterher und konnte kaum glauben, wie furchtlos und entschlossen sie sich zusammen mit Matti durch die felsige Finsternis kämpfte. Ausgerechnet Linni, die sonst im Dunkeln keinen Schritt wagte! Aber die Sorge um ihr Kuscheltier schien stärker zu sein als alles andere und trieb sie an – immer weiter und weiter, durch ein Labyrinth aus Gängen und Höhlen. Mal bogen sie nach links ab, mal nach rechts. Sie lauschten, ob sie das Bimmeln von Linnis Rentier hörten, und folgten der Spur der Schlaflosen. Einmal landeten sie in einer Höhle, in der unzählige erbeutete Blumenzwiebeln lagen. Matti war entsetzt, als er den achtlos aufgeschütteten Haufen entdeckte.

„Krokusse“, stammelte er mit bleichem Gesicht. „So viele Krokusse! Die haben sie alle geklaut ...“

„Sind deine Schneeglöckchen auch dabei?“, fragte Ole.

Matti leuchtete die Höhle ab und schüttelte den Kopf. „Nein, leider nicht.“

Auch Linnis Rentier war nirgendwo zu sehen, dafür war in der Ferne wieder ein leises Bimmeln zu hören. Linni und Matti wollten sofort die Verfolgung aufnehmen, aber Ole hielt sie zurück.

„Nein!“, zischte er. „Das machen sie doch mit Absicht, merkt ihr das nicht? Sie spielen mit uns. Sie klingeln und warten, bis wir ihnen nachlaufen. Aber das bringt nichts, so werden wir sie nie erwischen.“

„Hm“, brummte Matti und es schien ihn viel Überwindung zu kosten, dem Menschenjungen recht zu geben. „Kann schon sein. Was schlägst du vor?“

„Na, du hast doch was von Fallen gesagt, die ihr aufstellt. Was sind das für Fallen?“, fragte Ole. „Fangt ihr damit die Schlaflosen?“

„Wir versuchen es“, sagte Matti. „Klappt nur nicht immer.“

„Und ist eine von diesen Fallen hier in der Nähe?“

Matti überlegte einen Moment, dann nickte er.

„Also gut, zeig sie uns!“, forderte Ole.

„Die Schlaflosen lassen sich nicht so leicht austricksen, wie du glaubst, Menschenjunge.“

„Ach nein? Das werden wir ja sehen“, sagte Ole.

Matti murmelte ein paar unverständliche Worte in seinen Bart, die nach „Angeber“ und „Besserwisser“ klangen, führte die Kinder aber trotzdem zu einer kleinen Höhle. Auf den ersten Blick unterschied

sie sich nicht von anderen Höhlen. Doch als Matti nach oben zeigte, sahen Ole und Linni im Licht der Laterne ein feinmaschiges Netz, das an der Decke befestigt war – still lauernd und jederzeit bereit, herunterzufallen.

„Sehr gut“, sagte Ole. „Das könnte klappen!“

Er setzte seinen Rucksack ab und ließ Wullemuck aussteigen, dann wühlte er suchend in seinen Sachen herum. Matti kniff die Augen zusammen und beobachtete ihn misstrauisch.

„Was tust du da? Willst du etwa meine Lebkuchen rausholen? Wenn du damit die Schlaflosen anlocken willst: Vergiss es! Das sind MEINE Lebkuchen. Die hat Runa für mich eingepackt.“

„Ja, ja, keine Angst. Ich habe was Besseres.“ Ole grinste und zog eine kleine silberne Trillerpfeife aus der Seitentasche seines Rucksacks. Er hatte sie immer dabei, weil er sich mit seinen Freunden nach der Schule oft zum Fußballspielen traf.

„Was willst du denn mit der Pfeife?“, fragte Linni.

„Na, was wohl? Damit locken wir sie her“, sagte Ole. „Den Schlaflosen gefallen doch die Glöckchen an deinem Rentier. Weil sie klingeln. Aber das Klingeln ist ja nichts gegen DAS!“ Er holte tief Luft und blies in die Pfeife. Sofort ertönte ein schriller Pfiff, der hundertfach von den steinernen Wänden widerhallte und sich weit in das Wurzelreich hinein ausbreitete. „Matti, halt dich bereit“, zischte Ole. „Wenn sie kommen, musst du das Netz lösen!“

„Ja, ja, ich weiß, was ich zu tun habe“, knurrte der Wurzelzwerg und umfasste einen rostigen Hebel am Eingang der Höhle.

Ole pfiff noch einmal und wartete, bis der Klang sich in den Tiefen des Wurzelreichs verloren hatte, dann lauschte er in die Stille. Aber erst nach dem dritten Pfiff hörte er ein verdächtiges Geräusch. Es waren Schritte. *Tapp, tapp, tapp.* Sie kamen näher.

Linni drängte sich neben ihren Bruder und Wullemuck tauchte im Rucksack unter.

„Kommt nur her!“, rief Ole und ärgerte sich, dass seine Stimme nicht so fest klang, wie er es beabsichtigt hatte. Er zitterte leicht, sein Herz schlug schneller. „Kommt und schaut, was ich hier habe! Eine Pfeife ist das. Ein Menschending. Das kann ich euch geben, im Tausch gegen das Tier.“

Plötzlich löste sich ein Schatten von der Wand und ein Schlafloser trat in die Höhle. Seine Augen waren weit aufgerissen und starrten auf die silberne Pfeife in Oles Hand.

„Was ist das für ein Ding? Laut ist es ... Viel lauter als das andere.“

Er hob seine behaarte Hand und ließ das Rentier klingeln.

Ole spürte, wie Linni neben ihm zusammenzuckte – und weil er nicht wusste, was er tun sollte, blies er einfach noch einmal in seine Pfeife.

Nun trat auch der zweite Schlaflose aus der Dunkelheit hervor. Beide Monster schauten gierig auf die Trillerpfeife und ließen ihre klebrigen Zungen aus den Mäulern hängen.

„Wollen wir haben, das Klingelding. Nur her damit! Ja, her damit!“

Sie sprangen blitzschnell auf Ole zu, aber Matti war schneller. Mit einem lauten Schrei löste der Zwerg das Netz, das schwer von der Decke fiel und die Schlaflosen unter sich begrub. Ole und Linni

pressten sich gegen die Höhlenwand und hielten vor Schreck die Luft an. Würde das Netz halten? Waren die Schlaflosen wirklich gefangen? Die Fellmonster wanden sich. Sie fauchten und fluchten und bissen wild um sich, aber bei all ihren Versuchen, sich zu befreien, verhedderten sie sich immer stärker in den feinen Maschen des Netzes. Sie kamen nicht mehr heraus aus ihrer Falle und die Kinder begriffen, dass ihnen keine Gefahr mehr drohte.
„Puh! Das war knapp." Wullemuck atmete erleichtert auf.
Ole sah zu Matti hinüber und hob den Daumen. „Gut gemacht! Genau im richtigen Moment."
„Du hast uns gerettet, Matti, du hast uns gerettet!" Linni stolperte erleichtert auf den Wurzelzwerg zu und schloss ihn in die Arme.
Matti war für einen Moment so verdutzt, dass ihm die Worte fehlten.
„Ja ... ähm." Er befreite sich aus Linnis Armen und räusperte sich.
„Das haben wir ganz gut geschafft ... in der Tat. Guter Plan." Er nickte Ole zu und wandte sich dann ab, um seine Blumenzwiebeln einzusammeln, die die Schlaflosen vor ihrem Angriff fallen gelassen hatten.
Auch Linni kniete sich auf den Boden. Sie hatte Glöckchen entdeckt und zerrte ihr bimmelndes Kuscheltier aus den Maschen, während die eingewickelten Schlaflosen wilde Drohungen ausstießen und versuchten, nach ihr zu schnappen. Aber Linni ließ sich nicht beirren.
„Ihr könnt mir keine Angst mehr machen", sagte sie. „Ihr seid gefangen!"
Sie befreite ihr Kuscheltier und drückte es an sich. „Endlich bist du

wieder da. Armes Glöckchen! Ich hab dich so vermisst." Sie schloss die Augen und verbarg ihr Gesicht in dem flauschigen Fell des Rentiers, das so vertraut nach allem roch, was sie liebte. Nach ihrem Zuhause, nach Winterabenden vor dem Kamin, nach Himbeermarmelade und ihren Eltern, die sie für einen Moment so vermisste, dass ihr Tränen in die Augen stiegen.

„Ist da jemand?"

„Hallo?"

Plötzlich durchbrachen Rufe die Stille. In der Höhle wurde es heller und zwei Wurzelzwerge mit Laternen tauchten auf. Sie sahen sich überrascht um.

„Was ist denn hier passiert?", fragte der eine.

„Wir haben so ein lautes Pfeifen gehört", sagte der andere.

Matti nickte und warf sich den Beutel mit den

zurückeroberten Blumenzwiebeln über die Schulter. „Gut, dass ihr kommt! Ihr könnt euch um die beiden Biester da kümmern.“ Er zeigte auf die fauchenden Schlaflosen. „Bringt sie zurück in ihre Höhlen und passt auf, dass sie keinen Ärger mehr machen. Wir müssen jetzt weiter.“

„Weiter? Wohin denn?“, fragten die Zwerge.

„Zum Weißen Tal“, sagte Matti und drehte sich zu den Kindern um. „Seid ihr bereit?“

„Sind wir“, sagte Ole.

Wullemuck nickte eifrig. „Auf geht's! Zurück zur Zwergenbahn.“ Er kletterte wieder in Oles Rucksack und die Kinder folgten Matti aus der Höhle. Sie gingen durch einen dunklen Tunnel, doch plötzlich blieb Linni stehen.

„He, wartet! Wir können noch nicht zurück. Wir müssen erst noch die Krokusse holen.“

Matti sah sie verwundert an. „Die Krokusse?“

„Ja, natürlich“, sagte Ole, der sofort begriff, was Linni meinte. „Die Krokusse in der Höhle, die die Schlaflosen erbeutet haben!“

„Oh ja ... Ja.“ Matti änderte nun die Richtung und bog in einen anderen Gang ab. „Wie erstaunlich, dass ihr daran gedacht habt ...“

„Wieso?“, fragte Linni. „Wullemuck hat doch gesagt, dass wir auf das Glück im Herzen achten sollen. Und wir sind glücklicher, wenn im Frühling viele Blumen blühen.“

„Kluges Mädchen“, lobte Wullemuck.

„Autsch!“ Ole hatte sich wieder den Kopf an einem Felsen angeschlagen.

„Jeder Umweg lohnt sich, wenn man dadurch glücklicher wird“, sagte Wullemuck. „Überhaupt sind Umwege manchmal besser als der gerade Weg.“

„Aber nicht, wenn sie durch Zwergentunnel führen“, murrte Ole und rieb sich die Stirn.

„Wir sind da“, sagte Matti.

Sie betraten nun die Höhle mit den gestohlenen Krokussen und machten sich an die Arbeit. Ole und Linni stopften sich die Blumenzwiebeln in ihre Jackentaschen und auch Wullemuck machte Platz, sodass der ganze Rucksack bis oben hin gefüllt werden konnte.

„Alles verstaut“, verkündete Ole zufrieden.

„Mhmm ... Danke“, brummte Matti.

„Was?“ Ole hielt sich die Hand an sein Ohr. „Bitte lauter.“

„DANKE“, wiederholte der Wurzelzwerg. „Ja, ja, ich gebe zu: Alleine könnte ich das nicht alles tragen.“

„Tun wir doch gern“, sagte Ole. „Wir sind Menschenkinder und helfen, wo wir können.“

Matti sah ihn zweifelnd an, aber Linni stellte sich an die Seite ihres Bruders.

„Ja, wirklich! Du musst nicht so schlecht von uns denken, Matti. Ich mag nämlich Krokusse. Und Schneeglöckchen. Und Tulpen. Eigentlich alle Frühlingsblumen, weil sie die ersten Blumen im Jahr sind. Ehrlich, ich passe immer auf, dass ich keine zertrete. Nur einmal ist leider mein Ball auf ein Schneeglöckchen gefallen und es ist umgeknickt. Aber ich habe es dann an ein Stöckchen gebunden, damit es weiterblühen konnte."

Matti zog überrascht seine buschigen Augenbrauen hoch. „Hm … Erstaunlich", sagte er wieder und führte die Kinder schweigend zurück in die Höhle mit der roten Zwergenbahn. Dort luden sie die Blumenzwiebeln auf dem letzten Wagen ab und halfen alle zusammen, die Steine von den Schienen zu räumen, damit sie wieder freie Fahrt hatten. Matti stieg auf seine Lok und gab das Zeichen zur Abfahrt, dann setzte sich die Zwergenbahn ein letztes Mal in Bewegung.

Sie fuhr an drei Bahnhöfen vorbei und tauchte auf einer geraden Strecke plötzlich in eine Wolke aus hellem goldenem Nebel ein. Ole und Linni spürten, wie es um sie herum warm wurde. Alles glitzerte und flirrte und verschwamm vor ihren Augen, aber es war nur ein kurzer Moment, dann hatten sie den wundersamen Nebelstreif wieder verlassen und fuhren weiter, bis nach einigen Kurven erneut ein Bahnhof vor ihnen auftauchte. Hier war es nicht mehr warm, sondern kalt. *Weißes Tal* stand in großen silberweißen Buchstaben auf einem Schild. In allen vier Ecken glitzerten Schneeflocken und an einem Treppengeländer, das vom Gleis nach oben führte, hingen gläserne Eiszapfen.

Sie hatten ihr Ziel erreicht.

Das Weiße Tal

Auf dem Gleis verabschiedeten sich die drei Fahrgäste von ihrem Lokführer. Ole überreichte Matti die Lebkuchen, die Runa Talvi ihnen mitgegeben hatte, und der Zwerg sah sich das Paket prüfend von allen Seiten an.

„Hm, sind bestimmt ein paar zerbrochen", murrte er.

„Kann schon sein", sagte Ole. „Aber ich glaube, sie schmecken trotzdem!"

„Sicher, sind ja Runas Lebkuchen." Matti nickte und räusperte sich. Er vermied es, die Kinder anzusehen, so als wüsste er nicht, was er nun tun sollte. „Gut, dann ... dann macht, dass ihr weiterkommt! Habt ja noch einen weiten Weg vor euch."

„Danke, Matti. Und auf Wiedersehen!" Wullemuck winkte ihm freundlich zu und auch Linni trat nun einen Schritt vor und umarmte den Wurzelzwerg. „Danke, dass du uns hierhergebracht hast, Matti. Und wenn ich im Frühling das erste Schneeglöckchen sehe, dann werde ich an dich denken, ganz bestimmt!"

Auf einmal schien sich etwas in Matti zu lösen. Der alte Zwerg sah Linni an und sein Gesicht verzog sich zu einem seltenen Lächeln.

„Ja, Linni, ich verspreche dir, ich werde sehr viele Schneeglöckchen pflanzen. Und einige davon sind für dich!"

Ole boxte den Zwerg freundschaftlich gegen die Schulter. „Also sind Menschenkinder doch nicht so schlimm, oder?"

„Nicht alle", gab Matti zu. „Überraschenderweise ... nicht alle." Er lächelte wieder und winkte den Kindern nach, bis sie die Treppe erreicht hatten. Dann ging er zurück zu seiner roten Lok und fuhr davon, während Ole, Linni und Wullemuck die steinernen Stufen betraten.

Sie stiegen höher und höher und gelangten zu einer schmalen Wendeltreppe, die sich in engen Kreisen nach oben wand wie das Gewinde einer Schraube. Linni wurde ganz schwindelig. Auch Ole schwankte und musste sich erst mal festhalten, als er die letzte Stufe erreichte.

„Bei mir dreht sich alles", jammerte Wullemuck, der in Oles Rucksack saß. „Immer nur im Kreis ... Puh! Es wäre so einfach, wenn ich noch zaubern könnte. Einmal *schnipp* und wir wären schon oben. Und noch mal *schnipp* und wir wären in Schlittenstadt."

„Ja", sagte Ole. „Aber wenn du noch *schnipp* machen könntest, wären wir gar nicht hier, oder?"

„Auch wieder wahr." Wullemuck seufzte und ließ seinen Kopf hängen. „Wulli knulli dumm dumm dumm ..."

„Wo sind wir eigentlich?", fragte Linni.

Sie sahen sich um und bemerkten, dass sie sich in einer Kammer befanden. Um sie herum waren Holzwände, die aber nicht glatt waren, sondern natürlich gewachsen. Es roch nach Rinde und Moos.

„Da ist ein Spalt“, sagte Linni. „Da kommt Licht rein!“
Sie zeigte auf eine schmale Tür, die in der Wand fast nicht zu erkennen war, und stieß vorsichtig dagegen. Es knirschte und quietschte und im nächsten Moment wurden die Kinder und der Wichtel von einer Welle aus gleißendem Licht umspült. Sie schlossen die Augen und wandten sich ab. Viel zu hell war die Sonne, denn ihre Augen waren noch an die Dunkelheit und das gedämpfte Laternenlicht im Wurzelreich gewöhnt. Aber hinter der Tür erwartete sie das genaue Gegenteil: Vor ihnen lag im Sonnenschein eine weite weiße Fläche aus feinstem Pulverschnee. Gräser und Steine waren verschwunden, dafür erhoben sich überall sanfte Hügel, von denen keiner wusste, was sich darunter verbarg. Die Bäume waren dick verschneit und überall glitzerten Schneeflocken wie kleine Kristalle, die irgendjemand verschwenderisch in die Landschaft geworfen hatte. Ole und Linni traten blinzelnd durch die Tür, die sich verborgen in der Rinde eines alten, hohlen Baumes befand. Linni sah nach oben und konnte es kaum glauben.
„Das gibt’s doch nicht. Ole, schau mal, wir waren in einem Baum! Der Eingang zur Zwergenbahn ist in einem Baum!“
„Unglaublich“, murmelte Ole und drehte sich noch einmal zu dem dicken Stamm um. Man musste schon sehr genau hinsehen, um zu erkennen, dass dort eine Tür war. Aber wenn die Eingänge immer so versteckt und verborgen waren ... Konnte es dann nicht sein, dass es noch viel mehr Bahnhöfe gab, von denen keiner etwas wusste? Vielleicht in Alvas Garten? Oder bei ihnen zu Hause? Ole nahm sich vor, das dringend einmal zu erforschen.

Aber jetzt hatten sie anderes zu tun.
„Da vorne ist der Weg“, meldete sich Wullemuck zu Wort, nachdem auch er einen Moment gebraucht hatte, um sich an das helle Licht zu gewöhnen. Er zeigte auf einen Wegweiser, der schief in einem Schneehaufen steckte.
„Warst du schon mal hier?“, fragte Ole.
„Nicht genau hier“, sagte Wullemuck. „Ich musste ja noch nie mit der Zwergenbahn fahren, weil ich *schnipp* machen konnte. Aber ganz in der Nähe ist ein schöner See, da treffen sich die Wichtel manchmal zum Eisrutschen. Und der Wichtelwald ist auch nicht weit weg.“
Linni sah ihn überrascht an. „Der Wichtelwald?“
„Ja, ja! Da wohnen die Weihnachtswichtel, wenn sie nicht gerade bei den Menschen sind, um ihnen zu helfen. Ich wohne nur in den Wochen vor Weihnachten bei Alva. Den Rest des Jahres bin ich mit den Wanderwichteln unterwegs oder hier, auf der anderen Seite der Grenze. Im Land des Ewigen Winters.“
„Im Land des Ewigen Winters“, wiederholte Linni und ein leichter Schauer lief ihr über den Rücken, so bedeutungsvoll klangen die Worte für sie.
„Und da sind wir jetzt?“
„Da sind wir jetzt.“ Wullemuck wackelte vergnügt mit dem Kopf. „Habt ihr nicht den goldenen Nebelstreif bemerkt, durch den wir mit der Zwergenbahn gefahren sind? Das war die magische Grenze. Die

Grenze, die Jahreszeitenwechsler und Wintermenschen voneinander trennt. Und die Jahreszeitenwechsler – das seid ihr. So werdet ihr von den Wintermenschen genannt, die hier in diesem Land leben.“

„Aha.“ Ole runzelte die Stirn und versuchte, seine Gedanken zu ordnen, während er durch den Schnee zu dem Wegweiser stapfte. Er war also ein Jahreszeitenwechsler im Land des Ewigen Winters. Und wo lag Schlittenstadt? Er sah sich die verschiedenen Holzschilder an und las die Namen darauf: „Weißes Tal, Wichtelwald, Eisbach, Trollwiese …“ Er stutzte, als er beim nächsten Schild ankam. „Wanderndes Dorf? He, da steht es ja schon! Wir müssen gar nicht den Umweg über Schlittenstadt nehmen.“

„Äh, doch, müssen wir“, sagte Wullemuck.

„Wieso? Wir können doch einfach dem Wegweiser folgen und … Oh, nein. Können wir nicht.“

Ole verstand nun, was der Wichtel meinte: Das Schild mit dem Schriftzug *Wanderndes Dorf* hatte sich auf einmal bewegt und drehte sich knirschend um den Pfahl herum.

Als es anhielt, zeigte es plötzlich nach links. An dieser Stelle blieb es aber auch nicht lange stehen, denn wenig später schwang es wieder einmal herum und zeigte nach rechts.

„Das hat keinen Sinn“, gab Ole zu. „Das Schild wechselt immer die Richtung!“

„Natürlich tut es das“, sagte Wullemuck. „Das Dorf wechselt ja auch immer den Ort.“

Linni drängte sich an Ole vorbei und zeigte auf das unterste Holzschild. „Dort geht es nach Schlittenstadt.“

„Ich weiß“, sagte Ole und sah hinüber zu einem breiten weißen Weg, der leicht bergab führte. „Aber dort geht es auch zur Trollwiese. Der Pfeil zeigt in dieselbe Richtung.“

„Ähm, ja. Da müssen wir leider vorbei, wenn wir nach Schlittenstadt wollen“, gab Wullemuck zerknirscht zu. „Geht nicht anders.“

Linni starrte ihn an. „Was? Wie, welche Trolle? Echte Trolle?“

„Sind die gefährlich?“, fragte Ole.

Wullemuck räusperte sich. „Also, wisst ihr, was ich euch schon die ganze Zeit sagen wollte:

Ich bin euch sooo dankbar, dass ihr mich begleitet! Und ich hätte keine besseren Begleiter finden können, weil ihr so mutig seid und schlau und –“

„Lenk nicht ab“, knurrte Ole.

„Es sind Eistrolle. Sehr große Eistrolle“, gestand Wullemuck. „Aber viel weiß ich auch nicht über sie, weil ich mich immer wegzaubere, wenn ich einen sehe. *Schnipp!* Aber das geht ja jetzt nicht mehr.“ Der Wichtel raufte sich die roten Haare. „Wulli knulli dumm dumm dumm.“

Ole schloss für einen Moment die Augen. Eistrolle. Auch das noch! Wichtel, Hexen, Zwerge, schlaflose Monster ... Er hatte inzwischen aufgehört, sich zu wundern. Aber riesige Trolle? Das musste nun wirklich nicht sein. Am liebsten hätte Ole einen anderen Weg eingeschlagen, doch leider hatten sie keine Wahl: Sie mussten nach Schlittenstadt und diesen Gläsernen Gustav finden, und je länger sie hier im Weißen Tal herumstanden, desto kälter wurde ihm. Er fröstelte und fühlte sich auf einmal ganz kraftlos. Wie ein Wanderer, der vor einem hohen Berg steht und den Mut verliert, ihn zu besteigen.

Da schob sich plötzlich eine kleine Hand in seine und drückte sie leicht.

„Vielleicht sind die Eistrolle gar nicht so schlimm", murmelte Linni. „Ich meine, nicht so schlimm wie die Schlaflosen. Und mit denen sind wir doch auch fertiggeworden, oder?"

„Ja, du hast recht." Ole sah seine Schwester an und nickte.

„Dann komm!" Linni zog ihren Bruder mit sich durch den Schnee, Schritt für Schritt, bis er wieder genug Kraft hatte, um selbst zu gehen. Zusammen folgten sie dem Weg durch das Weiße Tal, das von sanften Hügeln und kleinen, verschneiten Wäldern durchzogen war. Dahinter erhoben sich Berge, die ihre Gipfel stolz und erhaben in den Himmel streckten und ein Land verborgen hielten, in dem es keine Jahreszeiten gab. Kein Frühling würde hier die Seen vom Eis befreien, kein Herbst die Wälder in warme Farben tauchen. Im Land des Ewigen Winters war es immer nur: weiß.

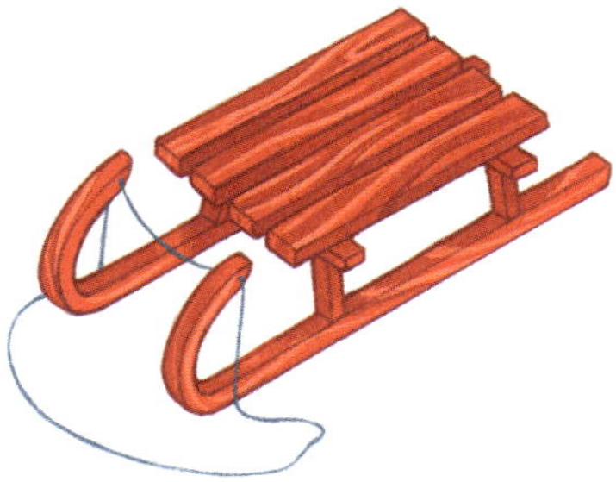

Picknick im Schnee

Der Schnee knirschte unter ihren Stiefeln und Linni tauchte immer wieder ihren Handschuh in die unberührten weißen Hügel, die sich am Wegrand so verlockend aneinanderreihten. Sie konnte gar nicht anders, als den Schnee hoch in die Luft zu werfen und den glitzernden Flocken beim Fallen zuzusehen. Und sie konnte auch gar nicht anders, als sich immer wieder eine Ladung Schnee in den Mund zu schieben. „Mmh, lecker!" Es fühlte sich an, als würde sie in eine eiskalte Wolke beißen, die sich in ihrem Mund langsam auflöste.

Ole beobachtete seine Schwester und schüttelte den Kopf. „Mama sagt immer, davon kriegt man Bauchweh."

„Ja, aber Mama ist nicht hier", grinste Linni.

„Ha! Das sag ich ihr."

„Wehe!" Linni wollte ihn in den Schnee schubsen, aber Ole hielt sie am Arm fest und riss sie mit sich. Zusammen kugelten sich die beiden Geschwister einen Hügel hinunter, sie lachten und schrien und wühlten sich durch die weiche weiße Decke.

„Juhu!", jubelte Ole und ließ sich noch einmal nach vorne in den

Schnee fallen. Dann erinnerte er sich plötzlich daran, dass er ja einen kleinen Wichtel in seinem Rucksack mit sich herumtrug.

„Ups! Wullemuck, alles klar bei dir?"

Doch Wullemuck antwortete nicht.

„Wullemuck?!" Ole setzte erschrocken seinen Rucksack ab und sah, dass der Wichtel nicht mehr darinsaß.

„Oh nein!" Linni schlug sich bestürzt die Hand vor den Mund. „Er ist rausgefallen! Wullemuck, wo bist du?"

Die Kinder stapften den Hügel wieder hoch, suchten alles ab und riefen nach dem Wichtel. Aber sie bekamen keine Antwort. Sie hörten nur ein helles Klingeln und das dumpfe Hufgetrappel von zwei Ponys, die einen Schlitten hinter sich herzogen. Er war gerade hinter dem Hügel aufgetaucht und mit Brennholz und Ästen beladen. Vorne auf dem Kutschbock saß ein Mädchen mit langen, wehenden Haaren. Der Schlitten glitt den verschneiten Weg entlang, doch als das Mädchen die Kinder bemerkte, zog es schnell an den Zügeln und brachte die Ponys zum Stehen.

„Brr, he! Was macht ihr denn da?", fragte sie. „Sucht ihr irgendwas?"

„Ja!", rief Linni verzweifelt. „Unseren Wichtel! Wir haben unseren Wichtel verloren!"

„Er ist hier irgendwo im Schnee versunken", sagte Ole.

„Ein Wichtel? Aber der kann sich doch wegzaubern", sagte das Mädchen. „Der ist bestimmt nicht mehr hier, sondern irgendwo im Wichtelwald."

„Nein! Nein, eben nicht, Wullemuck kann nicht mehr zaubern!", rief Linni. „Er muss hier irgendwo sein."

„Was?“ Das Mädchen ließ die Zügel los und sprang von seinem Schlitten herunter. „Was sagst du da? Der Wichtel kann nicht mehr zaubern?“

„Nein, er hat seine Zauberkraft verloren, weil wir ihn gesehen haben“, erklärte Ole. „Wir ... Wir sind Menschen.“ Er zeigte auf Linni und sich – und bereute sofort, was er gesagt hatte. Denn auf einmal wurde ihm klar, wie seltsam das klang, so als hätte er irgendein fremdartiges Wesen vor sich. Dabei sah das Mädchen genauso aus wie sie. In ihren lockigen braunen Haaren hatten sich Schneeflocken verfangen, ihre Wangen waren gerötet und ihre Augen leuchteten in einem hellen Blau.

„Soso. Menschen seid ihr.“ Das Mädchen lächelte. „Das bin ich auch, aber ein Wintermensch. Ich heiße Smilla. Und ihr seid dann also Jahreszeitenwechsler, ja?“

Ole nickte. „Das ist meine Schwester Linni und ich bin Ole.“

„Und wir suchen Wullemuck!“, rief Linni, die sich immer noch auf allen vieren durch den Schnee wühlte. „Nur wegen ihm sind wir hier, weil wir ihn ins Wandernde Dorf bringen müssen. Wir dürfen ihn nicht verlieren. Er muss gerettet werden!“

„Ich verstehe.“ Smilla erkannte nun den Ernst der Lage und zog drei lange Stöcke aus dem Holzstapel auf ihrem Schlitten. „Hört auf, im

Schnee herumzupatschen! Damit drückt ihr den Wichtel vielleicht noch tiefer hinein. Wahrscheinlich ist er verschüttet und kann sich nicht selbst befreien, also bohrt euren Stock ganz langsam nach unten. So!“ Smilla machte es vor und schob ihren Stock vorsichtig in den Schnee.

Auch Ole und Linni bohrten nun Löcher, eins nach dem anderen.

Als Ole seinen Stock zum siebten Mal in den Schnee tauchte, spürte er plötzlich einen Widerstand. Der Stock stieß auf etwas Festes und ließ sich nicht mehr herausziehen, so als würde irgendjemand ihn festhalten.

„Wullemuck!“, schrie Ole aufgeregt. „Ich glaube, ich habe ihn gefunden!“

Linni stürzte sofort zu ihm und begann zu graben, während Ole versuchte, den Stock aus dem Schnee zu ziehen. Plötzlich wurde eine gestreifte Zipfelmütze sichtbar und rot gefrorene Hände, die sich an den rettenden Stab klammerten. Der kleine Wichtel schnappte nach Luft. Er zitterte und schluchzte und Linni war von seinem Anblick so erschüttert, dass sie selbst fast anfing zu weinen.

„Oh, Wullemuck! Oh, es tut uns so leid.“ Sie klopfte ihm schnell den Schnee von den Kleidern und wickelte ihn in ihren Schal, um ihn zu wärmen.

„W...w...wulli... k...knulli... k...k...kalt!“

„Er braucht was Warmes zu trinken, schnell! Runa hat uns einen Hexenpunsch eingepackt.“

Ole sah sich um und Smilla verstand sofort, was er suchte.

„Da drüben!“, rief sie. „Der Felsen liegt in der Sonne.“ Sie zeigte auf einen großen, flachen Stein, der aus der weißen Landschaft wie eine Insel herausragte. Die drei Kinder stapften durch den Schnee und kletterten hinauf. Der Felsen hatte sich in der Sonne leicht aufgewärmt und sie setzten sich im Kreis um den frierenden Wichtel herum. Ole holte aus seinem Rucksack eine silberne Flasche und goss den dampfenden Hexenpunsch in einen Becher.

„G...g...gut! T...tut g...gut!“ Wullemuck umschlang den Becher wie eine Wärmflasche und hielt seine rote Nase in den wohltuenden Dampf.

Auch die Kinder zogen ihre Handschuhe aus und wärmten sich an dem Punsch, der nach Zimt und Orangen duftete.

„Haben wir eigentlich was zu essen?“, fragte Linni, die plötzlich merkte, dass sie eine Stärkung gebrauchen konnte.

„Ich habe leider nur Holz dabei“, sagte Smilla entschuldigend.

„Ich glaube, wir haben was Besseres.“ Ole grinste und tischte nun all die Leckereien auf, die die Weihnachtshexe ihnen mitgegeben hatte: Wurzelbrot, Apfelkuchen, Zimtsterne und Lebkuchen. Daneben breitete Linni die nassen Kleider von Wullemuck auf dem Felsen aus, damit sie trocknen konnten. Ohne sein Jäckchen schlüpfte der Wichtel schnell in eine Wollmütze, die Smilla ihm gab, und machte es sich darin gemütlich wie in einem weichen Nest. So saßen sie alle zusammen in der Sonne und ließen es sich schmecken – auf einer kleinen Felseninsel mitten in einem weißen, funkelnden Meer.

Nach einer Weile hörte Wullemuck auf zu zittern und knabberte an einem Stück Brot. Aber was er erlebt hatte, schien ihn sehr getroffen zu haben. „Ich ... Ich bin einfach eingesunken“, murmelte er. „Ole ist hingefallen und ich bin aus dem Rucksack gepurzelt und dann … dann war da überall Schnee! Über mir und unter mir. Und immer, wenn ich versucht habe, mich nach oben zu graben, bin ich noch weiter nach unten gerutscht."

„Ja, Tiefschnee ist leider gar nichts für Wichtel", sagte Smilla.

Wullemuck schluchzte auf. „Ich … Ich konnte sonst ja immer *schnipp* machen! Aber ohne meine Zauberkraft bin ich nichts, versteht ihr? Verloren. Ein hilfloser Winzling, der herumgetragen werden muss."

Tränen liefen ihm über das zerknautschte Gesicht und er wirkte so verzweifelt, dass die Kinder einen Moment schwiegen, weil sie nicht wussten, was sie sagen sollten.

„Aber du bekommst deine Zauberkraft doch wieder“, versuchte Linni ihn aufzumuntern. „Schon bald! Und dann passiert dir so was nicht mehr.“

„Ja, genau, dann versinkst du nicht mehr im Schnee.“ Ole legte dem Wichtel tröstend die Hand auf den Rücken. „Und außerdem waren wir ja schuld an diesem ... äh ... Unfall. Weil Linni mich in den Schnee geschubst hat.“

„Wieso ich?“, fuhr Linni ihn an. „DU hast doch auch mitgemacht.“

„Ja, aber DU hast angefangen.“

„Nicht schon wieder streiten“, heulte Wullemuck. „Keiner von euch ist schuld. Ihr seid Kinder! Und Kinder dürfen im Schnee herumrollen. Kinder MÜSSEN im Schnee herumrollen, das weiß doch jeder ... jeder Weihnachtswichtel. Auch wenn ich keiner mehr sein darf.“ Niedergeschlagen sank er in sich zusammen und vergrub das Gesicht in seinen Händen.

Linni konnte es kaum ertragen, ihn so zu sehen. „Aber Wullemuck! Warum sollst du denn kein Weihnachtswichtel mehr sein dürfen? Du musst doch nur zum Wichtelmeister ins Wandernde Dorf und der gibt dir deine Zauberkraft zurück.“

Wullemuck schüttelte den Kopf. „Nein, so einfach ist das nicht. Der Wichtelmeister wird mich prüfen, ob ich es verdiene, weiter ein Weihnachtswichtel zu sein. Es gibt eine Prüfung, versteht ihr? Und wenn ich die nicht schaffe –“

„Aber warum sollst du die denn nicht schaffen?“, fragte Ole. „Du bist ein guter Wichtel!“

„Ein sehr guter“, bestätigte Linni. „Du hast nämlich gleich verstanden, dass wir im Wurzelreich mein Rentier retten müssen, weil ich sonst an Weihnachten kein Glück im Herzen habe. So hast du es gesagt – und du hattest recht!“ Sie zog ihr geliebtes Kuscheltier aus der Jacke und ließ die silbernen Glöckchen klingeln, um Wullemuck Mut zu machen.

Der kleine Wichtel schniefte. „Meint ihr wirklich?“, fragte er und sah die Kinder der Reihe nach an. „Meint ihr, dass ich die Prüfung schaffe?“

„Natürlich“, sagte Ole.

Linni nickte eifrig. „Klar schaffst du das!“

Nur Smilla zögerte. „Hm ... Ich hoffe es. Ich wünsche es dir, wirklich. Aber leicht wird es nicht.“

Ole räusperte sich. „Ähm, Smilla, das wollen wir jetzt eigentlich nicht hören.“

„Aber es stimmt“, sagte das Wintermädchen. „Es gibt einige Weihnachtswichtel, die ihre Zauberkraft nicht wiederbekommen haben. Das kommt leider vor. Nicht oft, aber ... na ja ... es kommt auch nicht oft vor, dass ein Weihnachtswichtel drei Mal gesehen wird. Und das sieht wiederum der Wichtelmeister nicht gern. Deshalb sind die Prüfungen auch so schwer.“

Wullemuck quiekte und verbarg sein Gesicht wieder in den Händen. „Oje, oje ...“

„Musste das sein?“ Ole warf Smilla einen vorwurfsvollen Blick zu.

„Tut mir leid.“ Das Wintermädchen schob sich zerknirscht einen letzten Keks in den Mund. „Ich sage eben, was ich denke. Tun Jahreszeitenwechsler das nicht?“

„Doch“, sagte Linni. „Aber wir denken anders. Wir denken, dass Wullemuck es schafft!“

„Genau.“ Ole klopfte dem kleinen Wichtel auf die Schulter, um ihm zu zeigen, dass sie an ihn glaubten.

Der kleine Wichtel wischte sich gerührt eine Träne aus dem Auge. Dann richtete er sich auf, Stück für Stück, als hätten ihm die Worte der Kinder neue Kraft gegeben. „Meine lieben Freunde ... Ich danke euch.“

Achtung, Eistrolle!

Nach dem Picknick verließen die Kinder ihre Felseninsel und kämpften sich durch den Tiefschnee zurück auf den Weg. Smilla gab ihren wartenden Ponys zur Stärkung noch ein paar Apfelstücke, dann kletterte sie auf den Kutschbock des Schlittens und nahm die Zügel in die Hand. „Setzt euch auf das Holz und haltet euch irgendwo fest! Ich weiß, es ist nicht sehr bequem. Aber immer noch besser, als den ganzen Weg zu laufen."

„Geht schon", sagte Ole und hob Wullemuck auf seinen Schoß. „Danke, dass du uns mitnimmst."

Smilla lächelte. „Kein Problem. Ich muss doch auch nach Schlittenstadt!"

Linni war begeistert, dass sie ihre Reise nun mit einem Pferdeschlitten fortsetzten, und zappelte aufgeregt auf dem Holzstapel herum. Ihr Kuscheltier ließ sie vorne aus der Jacke herausschauen. „Jetzt geht's gleich los, Glöckchen, pass auf! *Jingle bells, jingle bells, jingle all the way ...*" Sie sang munter vor sich hin und Smilla stimmte mit ein, während die Ponys zu traben begannen.

Der Schlitten glitt leicht über den Schnee. Sie durchquerten einen kleinen Wald und sahen am Wegrand ein paar Holzhütten stehen. An den Dächern hingen lange Eiszapfen und aus den Schornsteinen stiegen weiße Wolken in den Himmel. Während sie weiter durch die verschneite Landschaft fuhren, wollte Smilla von ihren Fahrgästen alles über das Leben jenseits der Grenze wissen: wie Jahreszeitenwechsler lebten, wie die Welt in Grün aussah und wie sich der Sommer anfühlte.

„Die Seen sind dann nicht gefroren, sondern flüssig“, erklärte Ole. „Man kann darauf mit Booten fahren. Oder reinspringen und schwimmen.“

„Schwimmen! Oh ja, davon hab ich schon gehört. Macht man das mit Kleidern?“, fragte Smilla.

„Nur mit Badeanzügen“, sagte Linni.

„Oder Badehosen“, ergänzte Ole.

„Badehosen!“ Smilla musste lachen. „Das klingt lustig: badende Hosen ... Nein, so was haben wir hier nicht. In unseren Läden kann man nur Mützen und Handschuhe kaufen.“

Sie fuhren eine Kurve um einen Hügel herum und Smilla setzte sich auf. „Jetzt seht ihr es gleich, passt auf! Dahinten, am Berg: Das ist Schlittenstadt.“

Der Blick öffnete sich und vor ihnen lag eine weite Ebene. Dahinter erhoben sich die Berge, klar und weiß vor dem dunkler werdenden Himmel. Die Sonne ging schon langsam unter und wich der Dämmerung, sodass am Fuß des größten Berges die ersten

Lichter aufblinkten. Schlittenstadt breitete sich den ganzen Hang hinauf aus: kleine und große Häuser, Türme, Brücken und weiße Bahnen, die sich den Berg in vielen Kurven hinauf- und hinunterschlängelten. Konnte man darauf etwa Schlitten fahren? Auf den Straßen, durch die Häuser? Ole spürte, wie die Aufregung in ihm wuchs, und er konnte es kaum erwarten, diese geheimnisvolle Stadt aus der Nähe zu sehen! Aber leider lag noch ein langes Stück vor ihnen, geradewegs durch die weiße Ebene.

„Jetzt bitte leise sein", zischte Smilla. „Wenn wir Glück haben, sind die Eistrolle nicht in der Nähe."

Linni zuckte zusammen.

„Was? Sind wir etwa schon auf der Trollwiese?"

Smilla nickte.

Ole sah sie von der Seite an und bemerkte, wie angespannt sie war.
„Oje, oje", jammerte Wullemuck. „Ich kann doch nicht *schnipp* machen!"
„Keine Angst, ich pass auf dich auf", sagte Ole und steckte den Wichtel vorne in seine Jacke. So war er geschützt, konnte mit dem Kopf aber noch herausschauen. „Besser?"
„Mhmm, schön warm hier!", quiekte Wullemuck.
Linni sah sich auf der Wiese um und bemerkte, dass dort überall große und kleine Schneekugeln herumlagen. „Sind das etwa die Eistrolle?"
„Das? Nein, das sind ihre Bälle", sagte Smilla.
Ole schluckte. „Ihre Bälle?"
„Ja, Eistrolle werfen gerne Sachen herum. Das tun sie die meiste Zeit: werfen, toben, spielen. Sonst sind sie eigentlich harmlos."
„Harmlos, klar. Sie spielen mit Bällen, die so groß sind wie Autoreifen. Aber sie sind wirklich total ..." Weiter kam Ole nicht, denn die Worte blieben ihm im Hals stecken.

„Riesig“, wisperte Linni. „Sie sind riesig!“
Der Boden bebte.
Die Ponys wieherten. „Schhh! Ist ja gut!“ Smilla hatte alle Mühe, die Tiere zu beruhigen. Sie schnaubten und tänzelten unruhig hin und her, während sich vor ihnen ein unheimliches Wesen aus dem Schnee erhob. Es war dreimal so groß wie ein erwachsener Mensch, mit einem weißen Fell, an dem unzählige Eiszapfen hingen. Auf seinen Schultern saß ein klobiger, zotteliger Kopf mit einem breiten Maul, das der Troll nun aufriss, um einen Eisklumpen hineinzuschieben. Knirschend kaute er darauf herum, als würde er einen Apfel essen, dann stapfte er durch den Schnee auf die Kinder zu.
„BALL!“, brüllte der Troll. „Bielen!“ Mit jedem Schritt wirbelte er weiße Wolken auf. Der ganze Schlitten zitterte. „Bobo bielen!“
„Nein, nicht spielen!“, rief Smilla. „Hörst du? Wir wollen nicht spielen!“
„Bobo Ball!“
„Hier liegen genug Bälle herum!“ Smilla zeigte auf die weißen Schneekugeln. „Da! Nimm einen von denen!“
Plötzlich tauchte wie aus dem Nichts ein zweiter Troll auf. Er hatte in einer kleinen Mulde im Schnee gelegen und schüttelte sich kurz. Ein paar Eiszapfen lösten sich von seinem Fell und flogen durch die Luft.
„Baba auch“, sprach er mit donnernder Stimme. „Baba bielen!“
Ole wusste nicht, ob er lachen oder schreien sollte. Diese Trolle waren die furchterregendsten Gestalten, die er je gesehen hatte – aber sie sprachen wie Kleinkinder.

„Bobo Ball!“
Einer der Trolle baute sich direkt vor ihrem Schlitten auf und Ole entschied sich nun doch fürs Schreien. Er sah nur noch Eiszapfen und eine riesige Hand, die sich über den Schlitten senkte.
„HIIILFEEE!“
Als Ole begriff, was passierte, war es bereits zu spät: Der Eistroll hatte sich Linni geschnappt. Ihre Beine zappelten verzweifelt in der Luft herum, während ihr Oberkörper in der riesigen Trollfaust steckte.
„Linni, nein! NEIN!“ Ole sprang entsetzt auf. „Lass meine Schwester los!“
Doch der Troll lachte nur. „Bobo bielen!“
„Baba Ball!“, grölte der andere.
„HIIILFEEE!“
Linni schrie und strampelte mit den Beinen, aber den Trollen schien das nichts auszumachen. Sie fingen an, Linni wie einen Ball durch die Luft zu werfen, hin und her, immer wieder. Ole wurde ganz schlecht vor Angst. Er sah, wie seine Schwester über ihm mit den Armen ruderte wie ein kleiner, flatternder Vogel, der gerade das Fliegen lernt.
„Aufhören! Aufhören, sofort!“ Ole rannte zu einem der Trolle und zerrte an den Eiszapfen in seinem Fell. Doch Smilla lief ihm hinterher und packte Ole am Arm.
„Pass auf! Sie können dich zertreten!“
„Aber meine Schwester! Wir müssen sie retten!“
„Keine Angst, die Trolle werden sie nicht fallen lassen“, versuchte

Smilla ihn zu beruhigen. „Sie hören mit dem Werfen auch wieder auf. Irgendwann."

„Irgendwann?"

„Oje, oje", jammerte Wullemuck. „Arme kleine Linni."

„Sie wollen nur spielen", sagte Smilla.

Ole fuhr wütend herum. „Sie wollen nur spielen?! ABER DOCH NICHT MIT MEINER SCHWESTER!"

Er fing an, in seinem Rucksack zu wühlen, und holte die silberne Flasche von Runa Talvi heraus. Den Hexenpunsch hatten sie inzwischen ausgetrunken und Ole schwenkte die leere Flasche durch die Luft, um auf sich aufmerksam zu machen.

„Hey, ihr Eismonster! Hallo, hier – schaut mal, was ich habe! Na los, holt das Stöckchen!"

Ole schleuderte die Flasche mit aller Kraft über das Feld, so weit er konnte.

Die Trolle unterbrachen ihr Spiel. „Bobo Ball?" Verwundert sahen sie dem glänzenden Ding nach, dann trampelte der eine los und der andere warf schnell sein Spielzeug weg, das auf einmal nicht mehr interessant war.

Linni flog in einem weiten Bogen

durch
die Luft
und landete mitten in
einem Schneehaufen.
„Oh nein ... NEIN!“ Ole erstarrte.
Regungslos blieb seine Schwester liegen,
während die Eistrolle weiterliefen und sich
ein Wettrennen um die Flasche lieferten,
obwohl sie schon längst an ihr vorbeigepoltert
waren.
Ole schluchzte auf. „Linni!“
„Diese fiesen ... fiesen Trolle“, stammelte Wullemuck.
„Sie haben sie einfach fallen gelassen!“
„Linni, geht’s dir gut?“ Ole stolperte auf die kleine Gestalt zu, die wie ein weggeworfenes Kleiderbündel vor ihm im Schnee lag.
Er streckte die Arme aus – und hörte ihre Stimme.
„Ole?“
„Linni! Du lebst!“
„Klar lebe ich“, sagte sie lachend. „Aber ich stecke fest. Könnt ihr mich mal ausgraben?“
Wullemuck sah Ole ungläubig an. „Sie lacht! Hörst du das? Wir machen uns Sorgen und sie lacht!“

Auch Ole konnte es nicht fassen. Linnis Haare sahen aus, als wäre sie in einen Schneesturm geraten. Sie hatte ihre Mütze verloren und ihre Handschuhe, doch ihre Augen strahlten.

„Ich bin geflogen!", rief sie begeistert. „Habt ihr das gesehen? Richtig geflogen, wie ein Vogel. Hui! Das hat Spaß gemacht." Sie breitete die Arme aus, als hätte sie Flügel.

Da musste auch Smilla lachen. „Das hat Spaß gemacht?! Na, du bist ja ein verrücktes Huhn."

„Total verrückt", murmelte Ole und drückte seine Schwester an sich. So fest wie schon lange nicht mehr. Er spürte ihre kalte Wange an seiner und schloss die Augen. Der vertraute Geruch von ihrem Zuhause stieg ihm in die Nase.

„Hast du geweint?", fragte Linni ihren Bruder.

„Geweint?" Ole wischte sich die Tränen weg. „Na ja, ich dachte … Ich wusste ja nicht, ob dir was passiert ist."

„Mir ist nichts passiert", sagte Linni und versuchte sich mithilfe ihres Bruders aus dem Schneehaufen zu kämpfen. „Und mir tut auch gar nichts weh, stellt euch vor! Die Trolle haben mich beim Werfen gut aufgefangen." Sie ließ sich von Ole und Smilla hochziehen und klopfte

sich den Schnee von den Kleidern. „Ich meine, am Anfang hatte ich natürlich schon Angst, weil ich nicht wusste, was sie vorhatten. Aber dann war es lustig."

„Lustig!", schnaubte Ole. „Es ist also lustig, von Trollen herumgeworfen zu werden, aber Achterbahn fahren willst du nicht?"

„Nein", sagte Linni. „Fliegen ist besser als Achterbahnfahren."

„Ich fass es nicht." Ole schüttelte den Kopf, doch Linnis Grinsen war so ansteckend, dass er lächeln musste. Er legte den Arm um seine Schwester und führte sie zurück zu Smillas Pferdeschlitten. Aus der Ferne drang das laute Gebrüll der Eistrolle zu ihnen herüber. Sie hatten nun aufgehört, nach der silbernen Flasche zu suchen, und warfen mit großen Schneebällen um sich. Eine Kugel nach der anderen flog über die Wiese und zerstob auf dem Boden zu tausend Flocken.

„Oh nein, sie machen eine Schneeballschlacht", sagte Smilla. „Schnell weg hier, bevor wir auch eine Kugel abkriegen!"

Sie sprangen zurück auf den Schlitten und die Ponys wieherten ungeduldig, als hätten sie es genauso eilig, endlich von dieser Wiese zu verschwinden. Auf ein Zeichen von Smilla trabten sie los. Unter ihren Hufen wirbelte der Schnee auf. Die weiße Landschaft flog an ihnen vorbei und die Lichter von Schlittenstadt kamen näher und näher. Ole hielt seine Schwester immer noch im Arm und Linni lehnte ihren Kopf an seine Schulter, als müsste sie sich nach all der Aufregung ein wenig ausruhen.

Wullemuck saß ihnen gegenüber und beobachtete sie.

„Warum schaust du so?", fragte Ole. „Ist irgendwas?"

„Nein“, sagte der Wichtel. „Ich frage mich bloß ... Na ja, im Wurzelreich habt ihr doch gesagt: Geschwister sind anders als Freunde. Geschwister sind einfach nur da.“
„Sind sie ja auch.“
Wullemuck kratzte sich nachdenklich am Kopf. „Aber wenn sie nicht mehr da wären ... Das wäre schlimm, oder?“
„Natürlich wäre das schlimm“, sagte Ole.
„Und warum?“, fragte Wullemuck. „Wenn Geschwister doch eigentlich nichts tun, außer da zu sein?“
„Ja, aber Geschwister sind IMMER da“, erklärte Ole. „Und irgendwann hat man sich halt daran gewöhnt, dass sie da sind. Jeden Tag. Und dann geht es nicht mehr ohne sie. Auch wenn sie nerven.“
„Aha“, machte Wullemuck. „So ist das.“ Der kleine Wichtel lehnte sich gegen den Holzstapel und auf seinem Gesicht breitete sich ein zufriedenes Lächeln aus. „Ich glaube, so langsam verstehe ich es.“

Der Glanz der Weihnacht

Sie fuhren durch das große, gebogene Stadttor von Schlittenstadt und Smilla lenkte den Pferdeschlitten durch eine Straße mit mehreren Läden. Am Ende des Weges bog sie ab und hielt vor einem Steinhaus mit einer roten Tür. Die Fenster waren mit Lichtern und Sternen geschmückt und an den kahlen Ästen eines Baumes hingen glänzende Kugeln.

„Hier wohne ich", sagte Smilla. „Bitte alle aussteigen!"

Ole sah sich um. Das Haus erinnerte ihn ein wenig an das Haus von Tante Alva und er musste plötzlich an seine Eltern denken, die sich sicher schon Sorgen machten und unruhig in Alvas Wohnzimmer saßen und auf ihre Rückkehr warteten ...

Wir beeilen uns, Mama. Versprochen, Papa. Wir sind bald wieder bei euch.

„He, Ole, schau mal!" Linni zog an seinem Arm und riss ihn aus seinen Gedanken.

Sie zeigte hinüber zu einem der Fenster und nun erkannte auch Ole die Umrisse eines kleinen Wesens, das ihm sehr bekannt vorkam. Es war ungefähr so groß wie Wullemuck, trug eine Zipfelmütze auf dem Kopf und drückte seine Nase an der Scheibe platt. Als der fremde Wichtel ihre Blicke bemerkte, wich er zurück und verschwand mit einem Satz vom Fensterbrett.

„Oh nein!“ Linni schlug sich die Hand vor den Mund, denn ihr wurde auf einmal klar, was sie getan hatten. „Smilla, habt ihr einen Wichtel? Ich glaube, wir haben ihn gesehen.“

„Keine Angst“, lachte Smilla. „Wenn das im Land des Ewigen Winters passiert, macht das nichts. Jenseits der magischen Grenze verlieren die Wichtel ihre Zauberkraft nicht mehr.“

„Das stimmt“, bestätigte Wullemuck. „Hier leben die Wichtel ganz normal und für alle sichtbar. Sie müssen sich nicht verstecken.“

Linni schaute sich erstaunt um. „Ach, wirklich? Und bei euch wohnt auch ein Wichtel?“

„Sogar zwei“, sagte Smilla. „Ein Küchenwichtel und ein Holzwichtel.“

„Was ist mit mir?“ Neben dem Schlitten tauchte plötzlich ein kleines Wesen auf. Es trug einen schmutzigen Arbeitskittel und eine Zipfelmütze.

Linni sprang erschrocken zur Seite.

„Ach, Auri! Gut, dass du da bist“, begrüßte Smilla den Wichtel. „Ich habe Arbeit für dich.“

„Das sehe ich.“ Auri schnippte mit den Fingern und verschwand wieder, so schnell, wie er gekommen war. Im nächsten Moment tauchte er oben auf dem Schlitten auf.

„Seht ihr“, seufzte Wullemuck. „So einfach ist das, wenn man *schnipp* machen kann.“

„Auri ist unser Holzwichtel“, erklärte Smilla. „Er hat ein Häuschen im Schuppen und kümmert sich um das Brennholz. Und der Wichtel hinter dem Fenster, das war unser Küchenwichtel. Er schläft in einem gemütlichen Kochtopf im Schrank. Achtung! Kopf einziehen!“

Die Kinder duckten sich, denn Auri hatte nun pfeifend begonnen, das Holz vom Schlitten abzuladen. Er schnippte dafür nur mit den Fingern und ein Ast nach dem anderen erhob sich in die Luft und flog über die Kinder hinweg in den Schuppen.

„Wie praktisch“, sagte Ole.

„Ja, sehr praktisch.“ Wullemuck verzog leidend das Gesicht, als er beobachtete, wie mühelos der Holzwichtel seine Zauberkraft einsetzte. „Ich konnte das mal genauso. Und ... Und –“

„Und du wirst es bald wieder können“, beeilte Ole sich zu sagen. „Ganz bestimmt!“ Er nahm den Wichtel auf den Arm und folgte Smilla und Linni in das Steinhaus.

Innen war es wohltuend warm. Es roch nach Kaminfeuer und Keksen und im Flur kam ihnen eine Frau mit einer dampfenden Teekanne entgegen.

„Oh, Smilla! Gut, dass du zurück bist, Liebes, ich habe gerade gehört, dass die Eistrolle wieder eine Schneeballschlacht veranstaltet haben. Da hab ich mir Sorgen gemacht.“

„Nein, Mama, es ist nichts passiert! Wir sind gerade noch rechtzeitig weggekommen.“ Smilla zeigte auf Ole, Linni und Wullemuck. „Das sind Freunde von mir. Sie müssen sich mal kurz aufwärmen.“

„Na, dann herein mit euch!“ Smillas Mutter nickte ihnen zu und lächelte. „Ihr seht wirklich aus, als könntet ihr einen warmen Apfeltee vertragen. Ein paar Mal zu tief im Schnee gelandet, ja? Hängt eure Sachen am besten neben den Kamin. Da trocknen sie am schnellsten.“

Sie verschwand in der Küche, um ein paar Tassen zu holen, während sich Wullemuck und die Kinder auf das Sofa in der gemütlichen Stube setzten. Auf dem Boden lagen weiche Teppiche und das

Kaminfeuer knackte und knisterte. Oles Blick fiel auf einen großen Stern, der an einem Holzbalken von der Decke hing und im Licht der Flammen golden glänzte. Aber wenn man genauer hinsah, schimmerte er nicht nur golden, sondern in unzähligen verschiedenen Farben. Je nachdem, wie er sich drehte. Er glitzerte und funkelte und sein Glanz schien Ole auf wundersame Weise zu wärmen.

„Das ist ein Stern aus dem Wandernden Dorf“, sagte Smilla.

Linni war wie verzaubert von seinem Anblick.

„Er ist wunderschön.“

„So einen Stern hatte Alva auch mal“, sagte Wullemuck. „Er hing vor ihrer Tür.“

Ole erinnerte sich an den sternförmigen Schatten an der Hauswand und sah den Wichtel überrascht an. „So ein Stern war das?“

Wullemuck nickte. „Ja, als euer Vater noch ein Kind war, stand er immer davor und hat ihn angeschaut.“

„Verstehe ich“, murmelte Linni. Sie hatte ihren Kopf nach hinten gelegt und starrte an die Decke. Das Funkeln des Sterns hatte sie ganz in seinen Bann gezogen.

„Das ist der Glanz“, sagte Smillas Mutter, die nun wieder in die Stube kam. „Der Glanz der Weihnacht!“ Sie stellte ein paar Tassen auf den Tisch und stieß den goldenen Stern leicht mit der Hand an, damit er sich drehen und seine Pracht von allen Seiten zeigen konnte.

„Wow!“ Linni konnte ihren Blick gar nicht mehr abwenden.

„Ja, da haben die Weihnachtswichtel ganze Arbeit geleistet“, sagte Smilla. „Ich glaube, diesen Stern haben sie besonders tief in den Brunnen getaucht.“

„In welchen Brunnen?“, fragte Ole.

Wullemuck riss erschrocken die Augen auf. „Nicht! Nicht weiterreden, Smilla, das dürfen sie doch auf keinen Fall wissen!“

„Aber warum denn nicht? Ole und Linni werden schon nicht auf die Idee kommen, den Glanz zu stehlen.“

Ole sah von einem zum anderen. „Was sollen wir stehlen?“

„Oje, oje!“ Wullemuck raufte sich die Haare und verkroch sich unter einem Kissen.

„Er darf nicht darüber reden", erklärte Smilla. „Weil er als Weihnachtswichtel geschworen hat, das Geheimnis zu hüten. Aber wir sind Wintermenschen, Wullemuck, keine Wichtel! Wir dürfen darüber reden."

Smillas Mutter setzte sich zu ihnen und lächelte. „Ihr seid Jahreszeitenwechsler, nicht wahr?"

Ole und Linni nickten.

„Nun, dann seid ihr dem Glanz der Weihnacht sicher schon ein paar Mal begegnet, ohne es zu wissen", sagte Smillas Mutter. „Der Glanz der Weihnacht ist der größte Schatz der Weihnachtswichtel. Er befindet sich im Wandernden Dorf, in einem Brunnen in der Nähe des Tannenkreises. Dort wird er behütet und bewacht. Und von dort aus wird er auch verteilt, an alle Wichtel und an die Weihnachtshexe, die immer einen Vorrat in ihrem Hexenhaus hat. Sogar der Gläserne Gustav bekommt ab und zu einen Beutel mit Glanz für seine Kugeln, aber er ist der Einzige aus Schlittenstadt."

„Und dieser Glanz ... ähm, ist das etwas, das man anfassen kann?", fragte Ole, der nicht genau wusste, was er sich darunter vorzustellen hatte.

„In unserem Land schon", sagte Smillas Mutter. „Die Wichtel nehmen ihn mit, wenn sie zu euch Jahreszeitenwechslern gehen. Und dann verbreiten sie den Glanz in euren Häusern und Städten. Ihr könnt ihn nicht jedes Mal sehen, aber spüren. Immer, wenn ihr euch irgendwie besonders fühlt und ganz feierlich und verzaubert – dann seid ihr wahrscheinlich mit dem Glanz der Weihnacht in Berührung gekommen."

Linni bekam große Augen und zog Wullemuck das Kissen vom Kopf.

„Ist das wahr?"

„Mhmm", brummte der Wichtel.

„Und das tut ihr alles für uns?", fragte Linni.

Wullemuck nickte.

„Unglaublich!" Ole musste sich eingestehen, dass er die Arbeit der Weihnachtswichtel unterschätzt hatte. Sie schienen doch eine größere Aufgabe zu haben als gedacht.

„Im Hexenhaus von Runa Talvi seid ihr dem Glanz übrigens auch begegnet", sagte Smilla. „Die Weihnachtshexe streut ihn nämlich immer auf ihre Lebkuchen. Habt ihr das nicht gemerkt, als ihr sie probiert habt?"

„Doch!", sagte Linni. „Ich habe mich ganz komisch gefühlt, als ich die Lebkuchen gegessen habe. So als hätte ich Musik im Mund."

„Musik im Mund?" Smillas Mutter musste lachen. „Na, das ist mal ein schöner Vergleich."

„Aber warum dürfen die Wichtel nicht darüber sprechen?", fragte Ole. „Ich meine, das ist doch was Schönes. Warum wird um den Glanz so ein Geheimnis gemacht?"

Smillas Mutter seufzte. „Weil es in der Vergangenheit leider immer wieder Menschen gab, die den Glanz stehlen wollten. Menschen von der anderen Seite der Grenze – so wie ihr. Der Glanz übt eine magische Anziehung auf sie aus und viele denken, dass man glücklicher ist, wenn man ihn besitzt."

„Dabei stimmt das gar nicht!“ Wullemuck setzte sich wieder auf und rückte seine Mütze gerade. „Der Glanz kann das Glück nicht ersetzen. Er kann es nur größer machen, wenn es vorher schon da war, tief in einem drin. Das Glück im Herzen. Dafür muss jeder selber sorgen. Hab ich euch doch gesagt!“

Ole und Linni nickten und für einen Moment hing jeder seinen eigenen Gedanken nach.

„Und dieser Glanz ... also, der Brunnen ... habt ihr den schon mal gesehen?“, fragte Ole.

„Nein, der Brunnen wird gut bewacht“, sagte Smilla. „Und wir können auch nur ins Wandernde Dorf, wenn es mal zufällig in der Nähe auftaucht. Aber dann gehen wir immer hin, weil man dort so viel entdecken kann! Stellt euch vor: Da gibt es ein Haus ganz aus Schokolade. Und einen Tannenbaum mit lebendigem Baumschmuck, in dem klettern kleine Tierfiguren herum. Und Mama geht im Wandernden Dorf immer zum Weihnachtsfriseur.“

„Oh ja, der macht tolle Frisuren“, schwärmte Smillas Mutter. „Beim letzten Mal hat er mir Sterne und Kugeln in die Haare geflochten.“

„Wie ein Geweih“, sagte Smilla.

„Du sahst aus wie ein Rentier.“

„Also bitte! Ich sah NICHT aus wie ein Rentier.“ Smillas Mutter stemmte empört die Arme in die Seiten.

Ole und Linni mussten lachten.
Sie lauschten noch eine Weile den Geschichten aus dem Wandernden Dorf, während das Feuer im Kamin hell und warm vor sich hin flackerte und ihre Kleider trocknete. Plötzlich tauchte ein kleiner Küchenwichtel auf dem Tisch auf. Er trug eine weiße Schürze, in der ein Rührlöffel steckte, und ließ mit einem leisen *schnipp* einen Teller voller Bratäpfel durch die Tür schweben. „Frisch aus dem Ofen!", quiekte er fröhlich, als die Äpfel auf dem Tisch landeten.
Ole und Linni griffen dankbar zu, während sich der Duft von Zimt und Honig im ganzen Raum verbreitete. Über ihnen funkelte der goldene Stern, vor den Fenstern türmte sich der Schnee und Ole schloss für einen Moment die Augen.
Jetzt spür ich ihn, dachte er. *Genau jetzt.*
Den Glanz der Weihnacht.

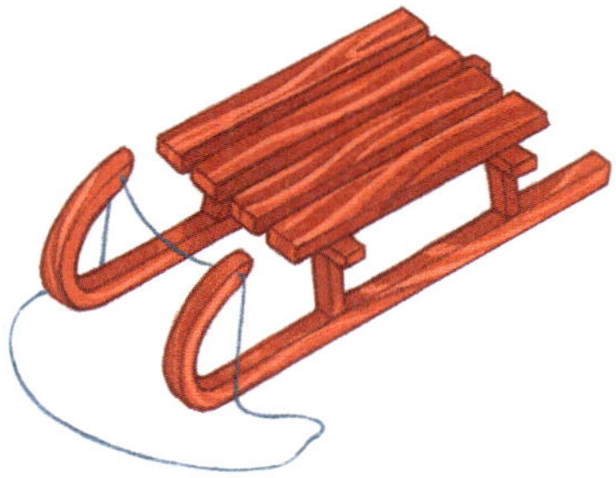

Schlittenstadt

Nachdem sie sich aufgewärmt und gestärkt hatten, drängte Ole zum Aufbruch. Auch wenn er gern noch länger in dem gemütlichen Haus geblieben wäre, so hatte er doch nicht vergessen, warum sie in Schlittenstadt waren: Sie mussten den Gläsernen Gustav finden.
Smilla gab Linni eine Mütze und Handschuhe, weil sie ihre eigenen auf der Trollwiese verloren hatte. „Die gehören meinem kleinen Bruder", sagte sie. „Er hat bestimmt nichts dagegen, wenn ich sie dir ausleihe."
Das Wintermädchen führte sie nach draußen und zeigte auf ein paar alte Holzschlitten, die an der Hauswand lehnten. „Die Ponys brauchen wir jetzt nicht mehr, in Schlittenstadt fahren wir nur mit Schlitten. Also sucht euch einen aus und los geht's! Ich bringe euch zu Gustav. Er wohnt ganz oben am Berg."
„Oben?" Ole blieb verwirrt stehen. „Aber wenn wir nach oben müssen, warum nehmen wir dann Schlitten? Das bringt doch nichts."
Wullemuck schaute aus seinem Rucksack heraus und seufzte. „Ach Menschenkinder! Habt ihr das immer noch nicht verstanden? Auf eurer Seite der Grenze gibt es keine Magie, bei uns schon."

Smilla grinste. „Genau! Und deshalb fahren die Schlitten in Schlittenstadt nicht nur den Berg runter, sondern auch hoch."
Ole starrte sie ungläubig an. „Das kann doch nicht sein."
„Das kann doch nicht sein, das kann doch nicht sein ... Schon wieder so ein Menschensatz", sagte Wullemuck.
Linni kicherte und sprang an ihrem Bruder vorbei, um sich einen Schlitten zu schnappen. „Versuchen wir es doch mal!" Sie setzte sich auf einen roten Holzschlitten und nahm das Seil in die Hand, als hielte sie die Zügel eines Pferdes. „Heyho, los geht's!" Sie klopfte auf das Holz und Ole wollte seine Schwester gerade darauf hinweisen, dass sie nicht auf einem Pony saß, als der Schlitten plötzlich einen Satz nach vorne machte.
„Es klappt!", jauchzte Linni. „Ich fahre! Ole, komm, spring auf!"
„Was?" Ole war so verdutzt, dass er zu spät reagierte und den Schlitten nur noch von hinten sah. „Warte auf mich!"
„Beeil dich!", rief Linni. „Ich weiß nicht, wie man anhält!"
Ole rannte ihr nach und setzte zum Sprung an, doch genau in dem Augenblick fuhr der Schlitten eine Kurve und Ole landete auf dem Bauch in einem Schneehaufen.
„He", beschwerte sich Wullemuck, der durch den Sturz fast wieder aus seinem Rucksack gepurzelt wäre. „Pass doch auf!"
„Ich kann nichts dafür", knurrte Ole. „Das war der Schlitten!"
„Ja, sie sind manchmal ein bisschen eigensinnig", sagte Smilla, die ihm nachgelaufen war. „Aber trotzdem gibt es in Schlittenstadt keine bessere Möglichkeit, von einem Ort zum anderen zu kommen. Mit Schlitten ist man einfach am schnellsten!"

Ole klopfte sich den Schnee von der Hose. „Und Fahrräder habt ihr nicht?“
„Was sind Fahrräder?“, fragte Smilla.
„Ach, egal.“ Ole winkte ab und nahm nun hinter Linni auf dem Holzschlitten Platz. „Brav, Schlitti“, lobte Linni. „Schön warten, bis alle sitzen.“
„Ich fass es nicht, meine Schwester redet mit einem Schlitten!“
„Ist in Schlittenstadt nicht ungewöhnlich“, sagte Wullemuck. „Das macht hier jeder.“
Auch Smilla hatte sich nun einen Schlitten ausgesucht und zusammen fuhren sie durch den knirschenden Schnee. Es war bereits dunkel. Überall um sie herum strahlten Lichter und Eiskristalle glitzerten im Schein der Laternen. Ole und Linni sahen sich um und entdeckten geschmückte Schaufenster, Türme mit spitzen Dächern, steinerne Brücken und Schlitten in allen Farben und Formen. Es gab große und kleine, geschnitzt aus verschiedenen Hölzern, mit gebogenen Hörnern, überzogen mit Stoff oder Fellen. Auf manchen Schlitten saßen Menschen, andere waren bloß mit Einkäufen beladen. Ole entdeckte sogar einen Schlitten, auf den ein Sessel geschraubt war. Über dem Kopf des Schlittenfahrers baumelte ein Licht und so konnte er gemütlich ein Buch lesen, während der Schlitten ihn zu seinem Ziel fuhr.
Die Straße, auf der sie unterwegs waren, wurde nun immer steiler und wand sich in zahlreichen Kurven den Hang hinauf. Dem Schlitten schien das jedoch nichts auszumachen und Ole war froh, dass er den Weg nicht zu Fuß gehen musste.

„Das Haus von Gustav steht an der höchsten Stelle von Schlittenstadt!“, rief Smilla ihnen zu. „Ganz oben, seht ihr? Da hat er auch seine Werkstätten. Sie reichen bis in den Berg hinein.“

Ole und Linni hatten Mühe, nicht von ihrem Schlitten zu rutschen, und klammerten sich an dem Sitz fest, während sie den letzten steilen Anstieg hinter sich brachten.

Oben angekommen, wurde der Weg wieder flacher. Die Aussicht war fantastisch. Sie reichte über das Weiße Tal bis zu den Bergen, die im fahlen Licht des Mondes ihre Gipfel in den Himmel streckten. Hoch über Ole und Linni blinkten die Sterne und unter ihnen die Lichter der Stadt. Nur das Haus des Gläsernen Gustav war an diesem Abend auffallend dunkel.

„Oje, ich glaube, er ist nicht da“, sagte Smilla.
Die Kinder stiegen von ihren Schlitten und gingen die Stufen zum Eingang hinauf. Smilla zog an einer Kordel und brachte damit eine gläserne Glocke zum Klingen.
Das Haus des Kugelmannes war eher ein Schloss als ein Haus, mit kleinen Türmen, Zinnen und unzähligen Kugeln, die die Wände schmückten. Hinter einem Fenster wurde nun ein Licht angeknipst und eine Frau schaute heraus.
„Was ist, Kinder, wollt ihr zu Gustav?“
„Ja!“, rief Smilla. „Wir müssen ihn sprechen.“
„Das tut mir leid, er ist nicht da“, sagte die Frau.

„Um diese Zeit ist Gustav immer unten, in der *Tropfenden Trollnase.* Schaut doch dort mal vorbei!"
Sie schloss das Fenster wieder und die Kinder sahen sich ratlos an.
„*Tropfende Trollnase*", wiederholte Linni. „Was soll das denn sein?"
„Das ist ein Wirtshaus", sagte Smilla. „Eines der beliebtesten in Schlittenstadt."
Ole verzog das Gesicht. „Na, wie lecker. Wer nennt sein Wirtshaus bitte *Tropfende Trollnase*?"
Auch Wullemuck gefiel der Name nicht. „*Tropfender Schneemann* wäre besser. Oder *Lachender Wichtel.*"
„Oder *Tanzende Schneeflocke*", sagte Linni.
„Ja, das dürft ihr der Wirtin gerne vorschlagen, aber jetzt kommt! Fahren wir wieder runter."
Smilla ging zurück zu den Schlitten, aber Linni blieb wie angewurzelt stehen. „RUNTER? Wir ... Wir fahren runter?"
„Natürlich", sagte das Wintermädchen. „Höher geht es nicht mehr."
„Aber ... das ist ganz schön steil", stammelte Linni.
„Viel zu steil!", quiekte Wullemuck und wurde blass.
Aber Ole klatschte voller Vorfreude in die Hände und sprang mit einem Satz auf den Schlitten. „Yippie! Endlich richtig Schlitten fahren. Na los, ich sitz vorne!"
Linni überlegte einen Moment, ob sie ihrem Bruder widersprechen sollte, und ging im Kopf verschiedene Möglichkeiten durch: Hinten würde sie weniger sehen als vorne, aber wenn sie gegen eine Hauswand krachten, dann würde Ole alles abbekommen, nicht sie. Außerdem konnte man hinten besser abspringen, zum Beispiel,

wenn man auf einen Abgrund zuraste. „Also gut“, sagte Linni. „Du sitzt vorne.“

Sie nahm den Rucksack mit Wullemuck und setzte ihn auf, dann klammerte sie sich von hinten an ihren Bruder. „Wir müssen auch bremsen, ja? Nicht so schnell.“

Sie liebte zwar Schlittenfahren, aber eher auf kleinen Hügeln. Eine solche Abfahrt hatte sie noch nie mitgemacht – genauso wenig wie Wullemuck, der nun hektisch mit den Armen wedelte und versuchte, sich aus dem Rucksack zu zwängen.

„Ich würde gern aussteigen, ja? Kann ich bitte aussteigen?“, fragte der kleine Wichtel.

„Nein“, sagte Ole. „Wir müssen dich zum Gläsernen Gustav bringen.“ Ole rutschte mit dem Schlitten näher an die Kante heran und schluckte, als er den Hang von oben sah. „Okay, das wird heftig.“ Sein Herz klopfte schneller und er war sich auf einmal nicht mehr sicher, ob diese Fahrt wirklich eine gute Idee war. Aber Smilla, die neben ihm auf ihrem Schlitten saß, schien keine Angst zu haben.

„Los geht's!“, rief das Wintermädchen. „Haltet euch fest und vertraut eurem Schlitten!“ Mehr sagte sie nicht, denn schon im nächsten Moment sauste sie den Berg hinunter.

„Puh!“ Ole holte tief Luft, dann nahm er all seinen Mut zusammen und stieß sich ab. Der Schlitten kippte nach vorn und die Geschwister rasten schreiend hinter Smilla her. Um sie herum wirbelte der Schnee auf, während sie versuchten, mit den Füßen zu bremsen, aber wirklich langsamer wurden sie nicht. Wullemuck verkroch sich wimmernd in seinem Rucksack, während sie die

Straße entlangsausten. Sie fuhren unter Brücken hindurch und legten sich in die Kurven. Bald machte es auch den Kindern Spaß, denn sie merkten, dass der Schlitten jedem Hindernis geschickt auswich. Anscheinend wollte er selbst nicht zersplittert in einem Holzofen enden, deshalb fuhr er in schönen Bögen um die Häuser herum und nahm nur ab und zu mal eine kleine Schanze.

„Hui!", rief Linni, als sie einmal über einen Hügel sprangen und auf einem Platz mit einem beleuchteten Weihnachtsbaum landeten.

„Okay, jetzt kommt eine Abkürzung!", rief Smilla. „Traut ihr euch?"

„Klar, wo müssen wir hin?", fragte Ole.

„Mir nach!"

Sie bogen in einen Weg ein, der steil nach unten führte und auf eine große weiße Schanze zusteuerte.

„Was ist das?", rief Ole.

„Ein Dach!" Smilla jauchzte, als ihr Schlitten plötzlich abhob und durch die Luft flog.

Auch Ole und Linni erreichten nun die Kante und sahen, dass sie tatsächlich über das Dach eines eingeschneiten Hauses fuhren.

„HILFE!" Linni klammerte sich an ihren Bruder und beide schrien, als sie mit ihrem fliegenden Schlitten durch die Luft segelten. Sie ließen das Haus hinter sich und landeten

schließlich in einem riesigen Schneehaufen, auf einem kleinen, verwunschenen Platz mitten in Schlittenstadt. Um sie herum standen Tannen, die mit Lichtern geschmückt waren, und in einer verschneiten Holzhütte wurden duftende Maronen verkauft. Ein paar schanzenerfahrene Winterkinder nickten ihnen anerkennend zu und klatschten.

„Gut gemacht“, lobte Smilla. „Sehr mutig! Vor allem für Jahreszeitenwechsler.“

„Abgefahren.“ Ole ließ sich der Länge nach in den Schnee fallen und lachte. „War das krass!“

Linni zog ihn hoch und hielt ihn an den Händen fest. „Wir haben es geschafft, Ole, wir beide! Wir haben es geschafft!“

„Wir leben noch?“, fragte Wullemuck und streckte ungläubig seinen Kopf aus dem Rucksack. „Wirklich?“

„Und wie wir leben! Juhu!“ Ole und Linni hielten sich an den Händen und fingen an, sich im Kreis zu drehen, immer schneller, als würde sich all die Freude,

die sie in diesem Moment in sich trugen, in Bewegung verwandeln. Um sie herum leuchteten die Fenster der Häuser und von irgendwoher war laute Musik zu hören. Sie drehten sich weiter, mitten im Schnee, und alles verschwamm zu einem einzigen Wirbel aus Lachen und Jubel. Doch plötzlich war noch ein anderes Geräusch zu hören ...

Es machte *klick*.

Und alles war still.

Die Bildsammlerin

Ole und Linni waren für einen Moment wie erstarrt. Eingefroren in einer riesigen Blase. Milchige Wände umschlossen sie, und alles, was dahinterlag, war nur noch verschwommen zu erkennen. Ole streckte die Hand aus. Er berührte die schimmernde Hülle, doch da zerplatzte sie wie eine Seifenblase und löste sich wieder auf, so schnell, wie sie erschienen war.

„Ich bitte um Entschuldigung", hörten sie eine freundliche Stimme sagen.

Ole und Linni drehten sich um und sahen eine ältere Frau vor sich stehen. Sie trug eine schwarze Fellmütze und einen Mantel mit einem hohen, aufgestellten Kragen. „Ich wollte euch nicht erschrecken, Kinder, aber das war so ein wunderbarer Moment – den musste ich einfach festhalten."

Die Geschwister sahen sich verwundert an, denn sie wussten nicht, was die Frau damit meinte.

„Sind Sie Fotografin?", fragte Ole.

„So etwas Ähnliches", sagte die Frau und verbeugte sich leicht.

„Ich bin Bildsammlerin. Immer auf der Suche nach wunderbaren

Momenten, die ich einfangen und festhalten kann. Aber nicht auf einem Foto, das machen die Jahreszeitenwechsler. Im Land des Ewigen Winters haben wir DAS hier."

Mit einer kunstvollen Bewegung öffnete sie die Hand und auf ihrem Lederhandschuh lag eine gläserne Schneekugel. Ole und Linni kamen neugierig näher und sahen, dass sich auf einer kleinen, runden Fläche hinter dem Glas zwei Figuren bewegten: ein Junge und ein Mädchen. Sie hielten sich an den Händen und drehten sich im Kreis. Neben ihnen stand ein winziger Schlitten vor einer verschneiten Holzhütte und im Hintergrund erstrahlten die Lichter von geschmückten Tannen und Häusern.

„Das ... Das ist doch hier", stammelte Ole und sah sich um. „Das ist genau dieser Platz!"

„Ja, das ist dieser Platz", sagte die Bildsammlerin.

„Das gibt's doch nicht."

„Ach Ole", seufzte Wullemuck. „Diesen Satz solltest du dir wirklich mal abgewöhnen."

„Das sind wir!" Linni sah sich entzückt die tanzenden Figuren an. „Das ist meine Jacke, schau doch mal, Ole, mein Gesicht! In ganz klein. Man sieht sogar Glöckchen." Linni konnte es kaum glauben. „Wir sind in einer Schneekugel!"

Die Bildsammlerin lächelte und schüttelte die Kugel. Winzige weiße Flocken wirbelten hinter dem Glas, einige davon glitzerten.
„Ein Moment der Freude, eine wunderbare Erinnerung ... Ja, ich muss zugeben: Sie ist mir sehr gelungen, diese Kugel."
„Oh bitte, können wir sie haben?", fragte Linni. „Bitte, bitte." Sie streckte die Hand aus, aber die Frau zögerte.
„Nun, ich habe eigentlich einen Laden, drüben in der Marktstraße. Dort verkaufe ich meine Kugeln."
„Oh." Linni ließ enttäuscht die Hand sinken. „Wir haben leider kein Geld dabei."
Ole fiel plötzlich etwas ein und er trat einen Schritt vor. „Bitte. Es ... Es wäre wirklich ein schönes Geschenk für unsere Mutter. Weil meine Schwester und ich uns so oft streiten und Mama eigentlich nur einen Wunsch zu Weihnachten hat: dass wir uns wieder besser verstehen."
„Ach. Ist das so?", fragte Wullemuck überrascht.
„Ja, stimmt!" Linni begriff mit einem Mal, worauf Ole hinauswollte.
„Und wenn wir Mama die Kugel schenken, dann können wir ihr beweisen, dass wir uns eigentlich ganz gut verstehen. Also, manchmal. Wenn es wichtig ist ... Dann halten wir zusammen."
„Genau", sagte Ole.
„Das hoffe ich", sagte Wullemuck.
„Und Papa kriegt schon einen Lebkuchen von der Weihnachtshexe", fiel Linni noch ein. „Für den haben wir ein Geschenk, aber für Mama noch nicht. Ach bitte!"
Die Bildsammlerin sah von einem zur anderen und musste plötzlich

lachen. „Na, wie soll ich da noch Nein sagen?“ Sie nahm die Schneekugel und schraubte sie auf einen kleinen, verzierten Sockel, den sie aus ihrer Tasche gezogen hatte. Mit einer zauberhaft flinken Bewegung band sie eine Schleife darum und reichte ihnen das Geschenk. „Frohe Weihnachten, Kinder! Ich weiß zwar nicht, woher ihr kommt und was ihr hier macht, aber ich hoffe, dass ihr euch immer an diesen Moment erinnern werdet.“

„Das werden wir“, versprach Ole.

„Ganz bestimmt!“ Linni nickte eifrig und hielt die Schneekugel mit den tanzenden Figuren wie einen wertvollen Schatz in den Händen. „Vielen, vielen Dank.“

„Gern geschehen.“ Die Bildsammlerin lächelte und wandte sich ab. Als sie ging, wehte ihr langer nachtschwarzer Mantel flatternd hinter ihr her. Die Kinder sahen ihr nach, bis sie hinter der nächsten Ecke verschwunden war, dann machten sie sich auf den Weg zur *Tropfenden Trollnase.*

Das Wirtshaus lag ganz in der Nähe und war das auffälligste Gebäude in der Straße. Die Fenster waren hell erleuchtet und vor dem Eingang brannten Fackeln. Ein geschnitzter Troll aus Holz saß auf einem Balken über der Tür und hielt ein kupferfarbenes Schild in der Hand.

„*Tropfende Trollnase*“, las Ole. „Da sind wir also.“

Linni verzog das Gesicht. „Iih! Ich ess jetzt aber keinen Popelbrei.“

„Doch, musst du“, sagte Smilla.

„Was?“

„Na ja, eigentlich ist es kein Brei, sondern Punsch“, verbesserte sich

Smilla. „Apfelpunsch mit Trollrotze. Muss jeder trinken, der durch diese Tür geht."
„Nicht dein Ernst." Ole hatte bereits die Hand am Türgriff, zog sie aber wieder zurück. „Quatsch!" Smilla ging grinsend an ihm vorbei. „Euch Jahreszeitenwechslern kann man echt alles erzählen ..."
„... sagt das Wintermädchen, das nicht weiß, was ein Fahrrad ist."
Auch Oles Gesicht verzog sich nun zu einem Grinsen und Smilla boxte ihn leicht gegen die Schulter.
Ole öffnete die Tür und sie traten ein, in einen großen Raum mit vielen Tischen. In der Luft vermischten sich verschiedene Gerüche aus der Küche mit Stimmengewirr, Gelächter und den fröhlichen Klängen einer Geige, auf der ein Mann in einer Ecke spielte.
Hinter einer langen Theke stand eine Frau und zapfte Bier aus einem riesigen Holzfass, in das ein Gesicht hineingeschnitzt war: das Gesicht eines Trolls. Der Zapfhahn, aus dem das Bier floss, war die Nase und nun wusste Ole auch, woher der Gasthof seinen Namen hatte.
Die Frau stellte zwei Bierkrüge auf ein Tablett und ein kleiner Wirtshauswichtel ließ es mit einem *Schnipp* zu den Gästen schweben. Dann sprang er auf die Theke und fing an, ein paar Krümel mit einem winzigen Besen zusammenzukehren.
„Na, Kinder, wollt ihr auch was trinken?", fragte der Wichtel.
„Nein, wir suchen den Gläsernen Gustav", sagte Smilla. „Er soll hier irgendwo sein."
„Gustav? Ja, natürlich. Der sitzt dahinten!" Der Wirtshauswichtel zeigte hinüber zu einem älteren Mann, der am Ende der Theke saß.

Er trug einen Anzug aus blauem Samt und eine Wollmütze auf dem Kopf.

„Er hat schon gegessen und bezahlt“, sagte der Wichtel. „Lange ist er nicht mehr hier.“

Smilla nickte. „Okay, danke!“

Die Kinder liefen die Theke entlang, bis sie den Mann erreichten. Er hatte einen langen, gezwirbelten Bart, der sich an den Seiten kunstvoll kringelte. An einer Kette um seinen Hals hing eine goldene Kugel und auch auf seiner Wollmütze saß – anstelle eines Bommels – eine bunte Glaskugel. Der Mann stand gerade von seinem Stuhl auf und wickelte sich einen gestreiften Schal um den Hals, als er die Kinder bemerkte. „Nanu! Wen haben wir denn da?“

„Sind Sie der Gläserne Gustav?“, fragte Ole.
Der Mann musterte ihn aufmerksam. „Wer will das wissen?“

„Wir … ähm … Wir kommen von der anderen Seite der Grenze. Ich bin Ole. Und das ist meine Schwester Linni.“

„Jahreszeitenwechsler?“

„Ja“, sagte Ole.

„Wir müssen ins Wandernde Dorf“, platzte es aus Linni heraus.

Der Gläserne Gustav zog eine Augenbraue in die Höhe und sah überrascht von einem zur anderen.
„Ins Wandernde Dorf?“

„Ja, wir müssen unseren Freund dorthinbringen." Linni hob Wullemuck aus dem Rucksack und setzte ihn vor Gustav auf die Theke.

Der kleine Wichtel schaute verlegen unter seiner Mütze hervor und räusperte sich. „Ja, also ... ich bin Wullemuck. Und ich kann ja mal erzählen, was passiert ist."

„Das wäre hilfreich, in der Tat." Der Gläserne Gustav nahm wieder auf seinem Stuhl Platz und hörte aufmerksam zu, was der Weihnachtswichtel zu berichten hatte. „Soso", sagte er dann. „Ihr seid also hier, weil Runa Talvi euch gesagt hat, ICH wüsste, wo sich das Wandernde Dorf befindet." Er machte eine Pause und zupfte nachdenklich an der Spitze seines Bartes herum. „Nun, da hat sie recht, die Weihnachtshexe. Ich weiß es."

Die Kinder atmeten erleichtert auf.

„ABER ich weiß es nicht immer", fuhr Gustav fort. „Nur, wenn ich eine Lieferung abzugeben habe, zeigt sich das Dorf auf meiner Karte. Und weil ich heute keine Kugeln mehr ausliefere, bin ich genauso ahnungslos wie alle anderen hier im Raum."

„Was?" Wullemuck sah ihn bestürzt an. „Sie können uns den Weg nicht zeigen?"

„Nicht heute", sagte Gustav, der auf einmal lächelte. „Aber morgen. Morgen muss ich ein paar Kugeln ins Wandernde Dorf bringen. Da könnte ich dich mitnehmen. Na, was meinst du?"

Der kleine Wichtel zögerte. „Nur mich? Und ... Und was ist mit meinen Freunden? Sie sollen auch mit."

„Die Kinder?" Gustav runzelte die Stirn. „Jahreszeitenwechsler im

Wandernden Dorf? Nein. Das ist keine gute Idee, das sieht der Wichtelmeister nicht gerne."

„Aber er muss uns doch auch nicht sehen", sagte Ole. „Wir können uns verstecken! Ich meine, wir bringen Wullemuck nur ins Dorf und in den Tannenkreis geht er allein."

„In den Tannenkreis MUSS er allein. Den dürfen nicht einmal Wintermenschen betreten."

„Na also! Dann ist es doch kein Problem", sagte Linni. „Wir halten uns zurück und warten solange in dem Schokoladenhaus, von dem Smilla erzählt hat."

„Gute Idee", grinste Ole.

„Nein, Kinder, so einfach ist das nicht." Gustav schüttelte den Kopf und schien mit sich zu ringen. „Es gibt einen Grund, warum das Wandernde Dorf wandert: weil es nicht so leicht gefunden und betreten werden soll."

„Wegen dem Glanz?", fragte Ole.

„Nicht nur ... Aber tatsächlich hat der Wichtelmeister große Angst vor Dieben, die es auf den Glanz abgesehen haben. Ich könnte Probleme bekommen, wenn er erfährt, dass ich euch ins Dorf gebracht habe. Nein, wirklich. Es tut mir leid."

Der Gläserne Gustav zog seinen Mantel an und Ole und Linni ließen enttäuscht die Köpfe hängen. So weit waren sie gekommen, so viel hatten sie gesehen und erlebt – aber nun sollte ihre Reise enden, hier in der *Tropfenden Trollnase*, während ihr Wichtelfreund alleine weiterziehen musste.

„Ach bitte", flehte Wullemuck. „Bitte, Herr Gustav, die beiden

müssen mitkommen! Sie sind meine Freunde. Und ich ... ich brauche meine Freunde! Sonst schaffe ich die Prüfung nicht."
Ole strich ihm über den Rücken. „Nein, Wullemuck, so darfst du nicht denken. Du wirst die Prüfung auch ohne uns schaffen."
„Aber mit euch ist es leichter", jammerte der Wichtel. „Viel leichter! Weil ihr an mich glaubt. Auch wenn ich es manchmal selbst nicht tue."
Wullemuck traten Tränen in die Augen und Ole und Linni schlossen ihren Freund in die Arme, um ihn zu trösten. Und wie sie da so standen, zwei Kinder und ein kleiner Wichtel, eng umschlungen zu einem traurigen Knoten, da seufzte der Gläserne Gustav und gab nach. „Also gut! Von mir aus."
„Was?" Ole löste sich mit einem Ruck aus der Umarmung.
„Das kann man ja nicht mitansehen", brummte Gustav. „Kinder, Kinder ... wenn es euch so wichtig ist, dann kommt eben mit! Kommt mit ins Wandernde Dorf. Wir werden es schon irgendwie hinkriegen, ohne von den Wächtern erwischt zu werden."
Wullemuck quiekte vor Freude und Linni sah den Kugelmann mit großen Augen an. „Ja, wirklich?"
„Ja, wirklich", sagte der Gläserne Gustav und lächelte. „Kommt morgen um zehn zu mir. Ich werde euch erwarten."

Der Kugelballon

Morgen, dachte Ole zufrieden. Morgen würde ihre Reise weitergehen. Aber das bedeutete auch, dass sie eine Nacht in Schlittenstadt verbringen mussten, ohne Geld und Gepäck. Zum Glück waren Smillas Eltern genauso hilfsbereit wie ihre Tochter und boten ihnen sofort ein Gästezimmer in ihrem Haus an. Nur Smillas kleiner Bruder Jorik war ein wenig verärgert, als er sah, dass seine Schwester dem fremden Mädchen einfach so seine Mütze und seine Handschuhe geliehen hatte.

„Die gehören mir!“, hörte Ole ihn ein Stockwerk tiefer schimpfen. „Du musst mich fragen, wenn du sie nimmst.“

„Jetzt stell dich nicht so an“, sagte Smilla.

„Ich will nicht, dass andere meine Mützen anziehen, vor allem keine Mädchen! Außerdem ist das meine Lieblingsmütze.“

„Aber Linni hat alles verloren!“

„Ja und? Selber schuld.“

„Ach Jorik, du nervst!“

„Hört auf zu streiten!“, mischte sich ihre Mutter ein. „Wir haben Gäste im Haus, ja? Was sollen die denn von uns denken?“

Ole stand oben an der Treppe und lächelte. Im Land des Ewigen Winters war zwar vieles anders als bei ihnen zu Hause – aber nicht alles. Manches schien auch hier genau gleich zu sein.
Zum Abendessen gab es Nudeln, die geformt waren wie Schneeflocken, danach spielten Wullemuck und die Kinder noch ein Spiel auf einem großen Holzbrett: Kleine Schlitten mussten durch einen Winterwald zu einem Ziel gefahren werden, doch es gab Hindernisse wie Trolle und Schneelöcher, die einen aufhielten. Am Ende gewann Jorik knapp vor Linni, die nach diesem langen Tag kaum noch die Augen offen halten konnte. Müde schleppte sie sich zusammen mit ihrem Bruder die Treppe hoch und alle schliefen tief und fest, bis sie am nächsten Morgen von einem leisen Klingeln geweckt wurden. Glöckchen fiel aus Linnis Bett und landete auf dem Boden.
„Was?“ Wullemuck schreckte hoch. „Wo sind wir?“
„Bei Smilla“, brummte Ole verschlafen.
„Glöckchen?“ Linni tastete auf dem Boden nach ihrem Rentier und nahm es wieder in den Arm. Dann schob sie gähnend den Vorhang zur Seite, um einen Blick aus dem Fenster zu werfen. Am Abend hatte man wegen der Dunkelheit nichts erkennen können, aber nun sah sie in der Ferne die hohen Berge, die sich in einer langen Kette vor einem rosaroten Himmel aneinanderreihten. Die Sonne ging auf und überzog das ganze Land mit den wundersamen Farben der Morgenröte. Weiße Wolken quollen aus den Kaminen der Steinhäuser und auf den Straßen von Schlittenstadt waren schon wieder die ersten Schlitten unterwegs.
Nach dem Frühstück bedankten sich Wullemuck und die Kinder bei

ihren Gastgebern und Smilla begleitete sie noch einmal den Berg hinauf zum Gläsernen Gustav. Das große, schlossähnliche Haus des Kugelmannes war an diesem Morgen noch beeindruckender als am Abend zuvor. Die schneebedeckten Türme glitzerten in der Sonne und die Kugeln funkelten in allen Farben.

„Da sind wir also", sagte Smilla. Sie trat von einem Bein auf das andere und senkte den Blick,

genau wie Ole, der plötzlich einen Kloß im Hals hatte. Der Abschied fiel allen schwer, aber sie versprachen, einander wiederzusehen. Irgendwann.
„Wir können uns ja nächstes Jahr bei der Weihnachtshexe treffen", schlug Linni vor. „Da kommst du mit der Zwergenbahn hin."
„Oder ihr besucht uns noch mal in Schlittenstadt", sagte Smilla. „Ihr kennt ja jetzt den Weg." Sie lächelte und rückte Linni die Mütze zurecht, die am Tag zuvor noch ihrem Bruder gehört hatte. Aber Jorik hatte seine Meinung über Nacht geändert und Linni am Morgen alles geschenkt, was sie für die Weiterreise brauchte: eine neue Mütze und warme Handschuhe.
„Oh ja! Wir kommen wieder und fahren zusammen Schlitten!" Linni strahlte.
Smilla umarmte ihre neuen Freunde und Oles Gesicht verschwand für einen Moment in ihren langen, lockigen Haaren. Er wollte eigentlich mehr sagen, brachte aber nur ein leises „Danke" heraus.
„Viel Glück euch allen – vor allem dir!" Smilla beugte sich zwinkernd zu Wullemuck vor, der wieder in Oles Rucksack saß. „Du wirst es schaffen, ganz bestimmt."
„Danke", murmelte der Wichtel. „Danke für alles, Smilla. Und frohe Weihnachten!"
Smilla winkte ihnen nach, während sie die Stufen zum Eingang hochgingen. Eine Frau öffnete Ole und Linni die Tür und begrüßte sie lächelnd. Es war dieselbe Frau, die sie am Abend zuvor am Fenster gesehen hatten.
„Guten Morgen, Kinder! Kommt herein." Sie trug ein buntes

Wollkleid mit einer Schürze darüber, hatte Farbflecken an den Händen und ein wenig Glitzer im Haar. „Ich bin Hilda. Ich arbeite für Gustav und bringe euch zu ihm. Er kümmert sich gerade um die Lieferung und macht alles für die Abreise bereit."
Sie führte die Kinder in das Haus des Kugelmannes, durch eine große Eingangshalle. Der Boden war aus glänzendem Marmor und über ihnen hingen unzählige Kugeln von der Decke. In Schaukästen an der Wand konnte man Glaskugeln mit besonderen Mustern bewundern und auf weißen Säulen waren kunstvolle Gebilde aus Glas ausgestellt, in denen sich das Sonnenlicht brach, das durch die hohen Fenster schien. Ole und Linni waren so beeindruckt, dass sie kein Wort herausbrachten. Stumm staunend folgten sie Hilda durch einen langen Gang in die Werkstätten des Gläsernen Gustav, die bis in den Berg hineinreichten.
„Oh, schaut mal", wisperte Linni und zeigte in einen Raum, in dem auf langen Stäben gläserne Kugeln steckten, schimmernd und glänzend. „Da! Da werden die Kugeln gemacht."
Hilda drehte sich um und lächelte. „Nicht ganz. Gemacht und geformt werden sie von den Glasbläsern in der Feuerhöhle. Aber danach kommen sie hierher und kühlen ab, bevor sie dann bemalt werden."
„Und Sie ... ähm ... Sie malen auch?", fragte Ole.
Hilda sah auf ihre farbigen Hände und lachte. „Nein, ich male nicht. Aber ich bin die Farbmeisterin der Werkstätten. Das bedeutet, ich mische die Farben und bewache die Töpfe, weil unsere Malwichtel sonst alles durcheinanderbringen."

„Malwichtel?“ Wullemuck verzog das Gesicht. „Oh, da kenne ich auch ein paar. Die können ganz schön anstrengend sein.“

Hilda seufzte. „Wem sagst du das?“

Sie öffnete eine zweite Tür, hinter der es auf einmal sehr laut und geschäftig zuging. Viele kleine Wichtel waren hier am Werk und sprangen zwischen langen Holztischen herum. Sie trugen Zipfelmützen und Latzhosen, in ihren Taschen steckten Pinsel und die meisten waren von oben bis unten mit Farbe bekleckst. Ole und Linni folgten Hilda durch den Raum und beobachteten, wie manche Malwichtel durchsichtige Glaskugeln in Farbtöpfe tunkten und danach mit Glitzer bestreuten. Andere bemalten die Kugeln mit feinen Mustern und Bildern und ließen sie dann mit einem *Schnipp* an das Ende des Raumes fliegen, wo sie von anderen Wichteln eingefangen und zum Trocknen aufgehängt wurden.

„Achtung, Pinsel!“, rief plötzlich ein Malwichtel, der neben den Kindern auf einer Lampe schaukelte.

Ole erschrak und zog schnell den Kopf ein, denn ein tropfender Pinsel flog genau über ihn hinweg und landete in einem grünen Farbtopf. *Platsch!*
Der Wichtel kicherte und verschwand mit einem *Schnipp* von seiner Lampenschaukel.
„Seht ihr die Zeichnungen an den Wänden? Das sind die Entwürfe von Gustav“, sagte Hilda. „Aber die Malwichtel halten sich leider nicht immer daran.“
„Malt der Gläserne Gustav denn gar nicht selbst?“, fragte Ole.
„Oh doch! Aber nicht alle Kugeln. Nur die ganz besonderen … die Meisterkugeln.“ Hilda zuckte plötzlich zusammen, denn ein Wichtel war mit einem *Schnipp* auf ihrer Schulter aufgetaucht und zupfte an ihrem Ohrring.
„Du, Frau Hilda, wir brauchen dringend mehr Rot“, forderte er.

„Ja, genau, das Rot ist aus!“, krähte ein anderer Wichtel auf seinem Tisch.

„Rot, Rot, Rot!“, forderten nun alle Malwichtel im Raum.

„Und ich will Lila“, piepste ein kleiner Wichtel mit einem rosa Fleck auf der Nase.

„Ist ja gut!“ Hilda hob die Hände, um für Ruhe zu sorgen. „Ich bin gleich bei euch, aber ich muss unsere Gäste noch schnell zu Gustav bringen. Kommt mit, Kinder! Hier geht es zum Lagerraum.“

Sie ließen die Werkstatt der Malwichtel hinter sich und gingen nun an mehreren Regalen vorbei, in denen sich große Kisten und kleine Schachteln befanden. Am Ende des Lagerraums erreichten sie eine Treppe, die durch ein dunkles Felsengewölbe nach oben führte.

„Achtung, Mützen auf!“, sagte Hilda. „Jetzt wird es kalt.“

Am Ende der Treppe öffnete sich eine Schwingtür und sofort blies ihnen ein eisiger Wind ins Gesicht. Das Erste, was Ole sah, waren weiße

Gipfel und Wolken, die an ihm vorbeizogen. Sie standen auf einer großen, felsigen Fläche auf der Rückseite des Berges. Von dort schien Gustav immer seine Reisen ins Wandernde Dorf zu starten, denn genau vor ihnen erhob sich eine riesige rot-weiße Kugel in den Himmel, verziert mit allerlei Schnörkeln und glitzernden Sternen …

Ein Ballon. Ein Heißluftballon, der aber nicht so aussah wie die Ballons der Jahreszeitenwechsler. Nein, dieser hier sah aus wie eine riesige, fliegende Weihnachtskugel.

„Heyho! Guten Morgen, liebe Mitfahrer!“ Der Gläserne Gustav kam ihnen lachend entgegen und klatschte in die Hände. „Na, wollt ihr immer noch mitkommen oder hat irgendjemand Angst zu fliegen?“

„Ähm …“ Ole und Linni sahen einander an und zögerten. Sie waren beide noch nie mit einem Ballon geflogen und ihnen war ein wenig mulmig zumute.

„Oje, oje“, wimmerte Wullemuck. „Achterbahn, Schlitten fahren … und jetzt auch noch fliegen! Wann kann ich endlich wieder *schnipp* machen?“

„Was meinst du, Linni, traust du dich?“, fragte Ole.

Linni sah mit zusammengepressten Lippen den Abhang hinunter. „Na ja, wenn wir abstürzen, fallen wir in den Schnee. Dann ist es vielleicht nicht so schlimm.“

„Also bitte!“, rief Gustav empört. „Ich bin noch nie abgestürzt.“

„Wirklich nicht?“, fragte Linni.

„Nein, wirklich nicht. Der Gläserne Gustav stürzt nicht ab. Hilda?“

„Der Gläserne Gustav stürzt nicht ab“, wiederholte Hilda und lächelte. „Ihr könnt ruhig einsteigen, Kinder. Ich wünsche euch eine gute Reise!“ Sie winkte ihnen zum Abschied zu und stieg wieder die Treppe hinunter.

Linni drehte sich zu Ole um. „Wir wollen ins Wandernde Dorf, oder? Und anders kommen wir nicht hin.“

„Ja“, sagte Ole. „Anders kommen wir nicht hin.“

„Na gut.“ Linni holte tief Luft und Ole drückte die Hand seiner Schwester, um ihr Mut zu machen. „Wir schaffen das. Das wird bestimmt toll.“

„Toll?“ Gustav wirkte ein wenig verstimmt und zog eine Augenbraue nach oben. „*Toll* ist wohl kaum der richtige Ausdruck, mein Junge. Ich empfehle: fantastisch, unvergesslich, sensationell!“

„Ja, ja, schon gut", sagte Ole. „Sollen wir jetzt einsteigen?"
„Ich bitte darum."
Der Gläserne Gustav öffnete eine Tür an dem verzierten runden Korb, der unter dem Ballon auf der Felsplatte stand. Eine Art Propeller war an seiner Rückseite befestigt und in dem Korb befand sich neben einem goldenen Fernrohr auch eine Art Lenkrad, das Ähnlichkeit mit dem Steuerrad eines Schiffes hatte. Ole konnte sich nicht vorstellen, wie das alles funktionieren sollte, aber er schluckte seine Zweifel hinunter und stieg durch die schmale Öffnung in den Korb. Innen war mehr Platz, als er gedacht hatte. Auf der einen Seite stand eine kleine Bank, auf der mehrere Wolldecken lagen, und auf der anderen Seite stapelten sich die Schachteln mit den Kugeln, die Gustav ins Wandernde Dorf bringen musste.
Wullemuck war inzwischen ganz bleich und begann, vor Angst mit den Zähnen zu klappern. „Wulli Knulli klapp klapp klapp ... Ole, darf ich wieder in deine Jacke? Aber sie muss bis oben hin zu sein! Ganz fest, sodass ich nicht rausfallen kann."
„Klar. Komm her!" Ole ließ den Wichtel aus dem Rucksack und über seine Schulter klettern.
Auch Linni überprüfte noch einmal, ob Glöckchen sicher in ihrer Jacke steckte, und drückte ihr Kuscheltier fest an sich, während der Gläserne Gustav eine letzte Schachtel mit Kugeln verstaute. Dann schloss er die Tür am Korb, zog eine Flugbrille auf und streifte sich dicke Lederhandschuhe über die Hände. Die Kugel auf seiner Wollmütze schimmerte bunt in der Morgensonne.
„Los geht's!" Er löste die Seile, die den Ballon auf der Plattform

festgehalten hatten, und die riesige Weihnachtskugel stieg langsam in die Höhe. Sie schwebte hinter dem Berg hervor und über die Häuser von Schlittenstadt hinweg. Ole und Linni klammerten sich mit ihren Händen an den Rand des Korbes, aber als sie spürten, wie sanft der Ballon durch die Luft schwebte, wurden sie mit jeder Minute ruhiger. Nur Wullemuck brauchte eine Weile, bis er zum ersten Mal vorsichtig ein Auge öffnete.

„Oh, Wulli Knulli klapp klapp klapp ... Sind wir bald da?"

Der Gläserne Gustav lachte. „Nein, tut mir leid. So schnell sind wir nicht."

Der Propeller drehte gleichmäßig seine Runden und trieb sie vorwärts, immer weiter. Sie flogen über die Trollwiese, auf der gerade einige Trolle mit Baumstämmen um sich warfen, dann lenkte Gustav den Ballon nach Westen.

„Woher wissen Sie, wo wir hinmüssen?", fragte Ole.

„Weil ich eine Karte habe! Eine magische Karte, die der Wichtelmeister mir höchstpersönlich überreicht hat." Gustav zog eine alte Schriftrolle aus seiner Manteltasche und breitete sie vor den Kindern aus. „Seht ihr? Da ist Schlittenstadt. Und das Wandernde Dorf ..." Sein Finger fuhr über das Papier, doch plötzlich stutzte er. „Na, so was! Jetzt ist es wieder weg. Das ging aber schnell ... hm. Dann brauche ich wohl noch etwas Glanz."

Er nahm die kleine goldene Kugel, die an einer Kette um seinen Hals hing, und schraubte sie auf. Kaum hatte er sie geöffnet, quoll ein helles, warmes Licht hervor und ergoss sich über die Karte wie ein fließender Wasserfall. Die Zeichnungen begannen zu leuchten und bewegten sich, so als würden sie plötzlich zum Leben erwachen. Ein Pferdeschlitten fuhr eine Straße entlang, ein Rentier huschte durch den Wichtelwald. Und am oberen Rand der Karte, hinter einer Bergkette, da zeigte sich plötzlich ein kleines Dorf. Ein Schriftzug erschien in schwarzer Tinte und obwohl die Buchstaben sehr alt und verschnörkelt waren, wusste Ole sofort, was dort geschrieben stand.

„Das Wandernde Dorf“, las er. „Da ist es.“

Der Gläserne Gustav stürzt nicht ab

„Nach Norden ... Oje, das hätte ich euch gern erspart“, seufzte Gustav. Er schraubte die Kugel mit dem Glanz wieder zu und ließ sie in seinem Mantel verschwinden. „Das Dorf ist ein gutes Stück weitergewandert, das heißt, wir müssen über die Berge ins nächste Tal. Das könnte ... ähm ... ein wenig unangenehm werden, aber keine Angst. Ich kenne den Weg.“

Linni hörte ihm gar nicht zu. Sie war immer noch ganz verzaubert von dem, was sie eben beobachtet hatte, und starrte auf die goldene Kugel um seinen Hals. „War das der Glanz der Weihnacht?“, fragte sie.

„Was?“

„Das Licht!“

„Oh! Ja ... natürlich. Der Glanz der Weihnacht“, sagte der Gläserne Gustav. „Vielseitig einsetzbar, mit einer wahrhaft zauberhaften Wirkung. Aber jetzt setzt euch bitte, Kinder, der Flug über die Berge ist nicht so einfach.“

Er kniff die Augen zusammen und sah in Richtung Norden, dann ließ er den Ballon höher steigen. Ein eisiger Wind wehte ihnen ins Gesicht. Es wurde kälter und Ole und Linni nahmen sich zwei Wolldecken von der Bank, um sich darin einzuwickeln. Auch Wullemuck griff dankbar nach einem Zipfel und hielt sich daran fest.

„Warum wandert das Wandernde Dorf eigentlich?", fragte Ole. „Ist das schon immer so?"

„Oh ja, schon seit vielen Hundert Jahren", sagte Gustav.

„Aber warum? Nur damit keine Diebe kommen und den Glanz der Weihnacht stehlen?"

„Nicht nur." Gustav drehte das Steuerrad und der Ballon legte sich ein wenig zur Seite, um eine Kurve zu fliegen. „Aber es ist ein Schutz, natürlich, denn es kommt leider immer wieder vor, dass Menschen von der anderen Seite der Grenze den Glanz für sich wollen – für ihr eigenes Glück oder um Geschäfte damit zu machen. Deshalb ist der Wichtelmeister so vorsichtig! Er sieht es nicht gern, wenn Jahreszeitenwechsler in seinem Dorf sind. Auch, weil es ein Ort der Träume sein soll."

„Ein Ort der Träume?", fragte Ole. „Was meinen Sie damit?"

„Nun, ein Ort der Träume ist ein Ort, der unerreichbar ist. Zumindest für alle, die nicht gerade mit dem Kugelmann unterwegs sind, der eine magische Karte besitzt." Gustav zwinkerte den Kindern zu und lächelte. „Das Wandernde Dorf ist eine Legende, versteht ihr? Und Legenden sollten immer von vielen Geheimnissen umgeben sein, damit sie bleiben, was sie sind: Erzählungen, die die Fantasie der Menschen anregen. Und genau deshalb wandert dieses Dorf ...

Damit nur wenige es finden. Damit nicht alle Geheimnisse gelüftet und entdeckt werden. Sonst hätte die Fantasie ja keinen Platz mehr."
Ole dachte einen Moment nach und versuchte, Gustavs Worte zu verstehen. „Sie meinen also, alle halten es für ein Märchen. Aber es ist trotzdem echt."
„Das Dorf? Oh ja, das Dorf ist sehr echt. So echt wie diese Berge hier!" Gustav zeigte auf die schneebedeckten Gipfel, die sie umgaben, dann legte er beide Hände an das Steuerrad. „Und jetzt Achtung! Nicht erschrecken. Wir müssen über den Sturmgrat, das könnte etwas ungemütlich werden."
Wullemuck fuhr erschrocken hoch. „Sturmgrat? Hat er gerade Sturmgrat gesagt?"
Linni sah sich beunruhigt um. Sie flogen inzwischen sehr hoch, aber die Berge um sie herum waren noch höher. Wolkenfetzen zogen an ihnen vorbei wie geisterhafte Wesen und manchen Felswänden kamen sie bedrohlich nahe. Sie waren mitten in einem riesigen Gebirge. Gustav richtete seinen Blick angespannt nach vorne und versuchte, den Kugelballon an den felsigen Hindernissen vorbeizusteuern, ohne mit ihnen zusammenzustoßen. Mal schwenkten sie nach links und mal nach rechts. Ole kam sich vor wie bei einem Slalom.
„Ist das immer noch die richtige Richtung?", fragte er mit einem Blick auf den Kompass, der neben dem Steuerrad hing.
„Natürlich ist das die richtige Richtung", sagte Gustav.
„Und wir stürzen wirklich nicht ab?", fragte Linni mit banger Stimme.

„Nein, tun wir nicht. Der Gläserne Gustav stürzt nicht ab!"
„Versprochen?"
Doch statt zu antworten, schrie Gustav plötzlich auf. „Festhalten!"
Auf einmal traf sie ein heftiger Windstoß. Ole und Linni klammerten sich an den Rand, während der Korb über den Bergkamm trieb und sich in weiten Kreisen drehte wie ein Karussell, das außer Kontrolle geraten war.
„Sichert die Kugeln!", rief Gustav.
Die Schachteln mit den Glaskugeln rutschten überall auf dem Boden herum und Ole versuchte, sie mit seinen Füßen festzuhalten.
„Oh, Wulli Knulli klapp klapp klapp!"
„Wir stürzen ab", wimmerte Linni. „Wir stürzen ab!"
„Wir stürzen nicht ab!", brüllte Gustav.

Doch die Windböen wurden stärker. Sie zogen den Ballon mal in die eine, dann in die andere Richtung, so als wäre er für sie nichts weiter als ein großer bunter Spielball. Wullemuck wurde ganz grün im Gesicht. „Ohüüü, ist mir üüübel!"
„Wehe, du spuckst auf meine Jacke", zischte Ole.
„Wir stürzen ab", schluchzte Linni.
„Wir stürzen nicht ab!" Gustav versuchte, den Ballon mit aller Macht wieder unter Kontrolle zu bekommen. Er drehte am Steuerrad und ließ den Propeller noch schneller laufen, um gegen den Wind anzukommen, doch eine neue Böe trieb sie plötzlich auf eine graue, scharfkantige Felswand zu. Vor ihnen ragte ein Berg in die Höhe. Ole schloss seine Schwester in die Arme und kniff die Augen zu, weil er glaubte, dass sie jeden Moment dagegenkrachen würden. Aber er hörte nur ein leises Schleifen und Knirschen, dann schwang der Korb wieder herum und der Wind trieb sie in die andere Richtung.
„Wir müssen runter!", rief Gustav. „Wir müssen weg von diesem verdammten Grat!"
Er nahm etwas Luft aus dem Ballon und sofort begann das fliegende Gefährt ein Stück zu sinken. Ole wagte einen Blick über den Korbrand und sah, dass sie die andere Seite der Bergkette schon erreicht hatten. Unter ihnen breitete sich ein Tal aus und sie sanken nun tiefer und tiefer, den Hang hinunter und den schneebedeckten Wäldern entgegen. Kaum hatten sie die

hohen Gipfel hinter sich gelassen, ließ auch der Wind nach. Doch nun schien etwas anderes Gustav zu beunruhigen.

„Wir sind zu schnell“, sagte er. „Viel zu schnell! Was ist da los?“

Er sah nach oben zu seinem Kugelballon und die Farbe wich aus seinem Gesicht. „Oh nein.“

„Was?“, fragte Ole. „Was ist los?“

„Ein Riss! Die Hülle hat einen Riss! Das muss passiert sein, als wir den Berg gestreift haben.“

„Oh, oh, nicht gut. Gar nicht gut“, stammelte Wullemuck.

„Wir stürzen ab“, heulte Linni.

„Wir stürzen NICHT ab!“, schrie Gustav.

Der Propeller trieb sie weiter vorwärts, doch der Boden kam näher und näher. Der Aufprall stand kurz bevor, aber Gustav zog plötzlich an einem langen Hebel. Unter ihren Füßen knackte es.

„Was war das?“, fragte Ole.

„Ich habe die Kufen ausgefahren“, sagte Gustav.

„Kufen?“

„Zum Landen! Die Flugzeuge in eurem Land haben doch auch Räder, oder etwa nicht? Und wir haben keine Räder, sondern Kufen.“

Ole starrte ihn an. „Sie meinen … der Ballon ist auch ein Schlitten?“

„Das wirst du gleich merken, mein Junge.“ Der Gläserne Gustav rückte seine Flugbrille zurecht und sah entschlossen nach vorne. Der weiße Hang kam näher und näher.

„Es ist so weit wir stürzen ab“, sagte Linni, so als hätte sie sich endgültig damit abgefunden.
„Wir stürzen nicht ab, wir landen!“, rief Gustav. „Und zwar ... JETZT!“
Im selben Moment setzte der Korb auf dem Boden auf. Der Aufprall schüttelte alle durch, aber sie überschlugen sich nicht, sondern glitten weiter den Hang hinunter und zogen den zerrissenen Ballon hinter sich her wie ein schlaffes Segel.
„Ho, ho! Geschafft!“ Gustav jubelte und ließ den Korb, der nun ein Schlitten war, weiter ins Tal fahren, bis er immer langsamer wurde und auf einer flachen, verschneiten Wiese zum Stehen kam. Dann atmete er tief durch, nahm seine Flugbrille ab und drehte sich zu Linni um. „Na, was sagst du jetzt ...? Hatte ich recht oder nicht, hm? Sind wir abgestürzt?“
Linni rappelte sich auf und warf einen Blick auf die einsame Landschaft um sie herum. „Na ja ... Wir sind nicht da gelandet, wo wir hinwollten.“
„Da hat sie recht“, sagte Ole. „Wir sind nicht im Wandernden Dorf.“
„Also bitte!“ Gustav wedelte mit den Armen, als lasse er diesen Einwand nicht gelten. „Wo wir gelandet sind, ist doch erst mal egal! Dieses Problem lässt sich beheben. Wichtig ist nur eins – und das merkt ihr euch für alle Zeiten ...“ Er beugte sich zu den Kindern vor und betonte jedes einzelne Wort: „Der Gläserne Gustav stürzt nicht ab.“

Das verzauberte Rentier

Wie sie schnell feststellten, war um sie herum: nichts. Nur verschneite Wiesen und Wälder. Aber wenigstens gab es einen Weg, der am Ende des Tals auf einen anderen Weg traf, der irgendwann zum Wandernden Dorf führte.

„Das ist doch schon mal was“, sagte der Gläserne Gustav und rollte seine magische Karte wieder ein. „Jetzt müssen wir nur noch ein Rentier finden, dann geht die Reise weiter.“

Ole und Linni sahen ihn verwirrt an. „Ein Rentier?“

„Natürlich! Wollt ihr etwa zu Fuß weitergehen? Das dauert Stunden und so lange wartet das Wandernde Dorf nicht auf uns. Wir müssen uns beeilen, bevor es wieder verschwindet.“ Gustav sprang aus dem Korb und begann, die Seile zu lösen, an denen der Ballon befestigt war. „Also los! Ich kümmere mich um die Hülle und ihr geht in den Wald und versucht, ein Rentier zu fangen. Das spannen wir dann vor den Schlitten und ab geht's!“ Er stapfte durch den Schnee und begann, die riesige Ballonhülle einzuholen – wie ein Segel, das nicht mehr gebraucht wird.

Ole und Linni blieben im Korb sitzen und sahen sich an.

„Das ist nicht sein Ernst, oder?“, flüsterte Linni. „Wir können doch kein Rentier fangen!“

„Ich weiß nicht mal genau, wie die aussehen“, sagte Ole. „Ich verwechsle die immer mit Elchen.“

Wullemuck seufzte. „Ach Kinder! Ich kann euch zeigen, wie die aussehen. Im Wichtelwald leben sehr viele Rentiere.“

„Schön“, sagte Ole. „Aber wir sind hier nicht im Wichtelwald.“

„Worauf wartet ihr?“, rief der Gläserne Gustav ihnen zu. „Macht euch auf den Weg, die Zeit drängt! Ich muss den Ballon ins Wandernde Dorf bringen, um ihn dort nähen zu lassen. Sonst komm ich nicht mehr zurück nach Schlittenstadt.“

„Ja, ja, ist gut. Wir gehen schon!“, rief Ole.

„Schaut in die Schachteln und nehmt ein bisschen Moos mit“, schlug Gustav vor. „Das fressen Rentiere, damit könnt ihr sie anlocken. Aber passt auf meine Kugeln auf!“

Linni öffnete eine der Schachteln und sah, dass die schimmernden Glaskugeln auf einem Polster aus weichem Moos lagen und davon bedeckt waren, damit sie nicht so leicht zerbrachen.

„Schlau gemacht“, sagte Ole. „Die meisten Kugeln haben sogar den Absturz überstanden.“

„Absturz? Sag das nicht so laut“, raunte Linni. „Du weißt doch: Der Gläserne Gustav stürzt nicht ab.“

Die beiden Geschwister sahen sich an und kicherten. Sie stopften sich etwas Moos in die Taschen, dann machten sie sich zusammen mit Wullemuck auf den Weg in den nahe gelegenen Wald. Der Schnee unter ihren Füßen knirschte bei jedem Schritt. Um sie herum standen alte, knorrige Bäume. Von den Zweigen hingen blassgrüne Flechten herunter und immer wieder auch glitzernde Eiszapfen. Ein paar Vögel pickten an den Rinden herum, aber sonst konnten sie keine anderen Tiere entdecken.

„Hallo, Rentiere!", rief Ole. „Wo seid ihr? Wir haben leckeres Moosi-Moosi! Na, kommt schon her ... putt, putt, putt!"

„Putt, putt, putt?", fragte Wullemuck. „Wen willst du damit anlocken, Rentiere oder Hühner?"

Ole gab ihm einen Klaps auf die Mütze und der Wichtel rutschte in Oles Jacke ein Stück nach unten.

„He!" Mühsam kämpfte Wullemuck sich wieder hoch und streckte seinen Kopf heraus. „Ihr müsst leise sein! Sonst erschreckt ihr die Rentiere. Also kein *putt, putt, putt* und kein *miez, miez, miez* und überhaupt –"

„Ich hab was gefunden!", rief Linni. „Da! Eine Spur." Sie zeigte stolz auf den Schnee, in dem Abdrücke von Tierpfoten zu sehen waren.

„Sehr schön", sagte Wullemuck. „Aber das sind Spuren von Schneehasen, nicht von Rentieren."

„Oh! Schade." Linni ging weiter und Ole kletterte auf einen Felsen, um einen besseren Blick zu haben. Er schaute in alle

Richtungen, konnte aber nur Bäume entdecken, umgestürzte Stämme, Felsen und Schneehügel.
„Wo sollen wir hier Rentiere finden?“, fragte er. „Das klappt doch nie!“
„Vielleicht kann Glöckchen sie rufen“, sagte Linni und holte ihr Kuscheltier aus der Jacke. „Na los, Glöckchen, such! Such deine Freunde!“
Sie ließ es klingeln und Ole sprang genervt von seinem Felsen hinunter. „Wir haben jetzt keine Zeit zu spielen, Linni!“
„Ich spiele nicht, ich suche Rentiere.“
„Ach ja?“
„Ja, Glöckchen, such!“
„Da!“ Ole zeigte plötzlich auf einen Baum und Linni blieb erschrocken stehen.
„Was?“
„Da ist was“, flüsterte Ole aufgeregt. „Da, hinter dem Stamm!“
Es war noch weit entfernt, aber unverkennbar ein Tier: ein großes dunkles Tier mit einem mächtigen Geweih. Es kam auf sie zu und schnaubte.
„Hilfe“, stammelte Linni. „Was ist das?“
„Sei still“, zischte Ole.
Linni wich zurück und stolperte. Sie fiel rückwärts in den Schnee und als sie das große Tier näher kommen sah, schrie sie auf – so laut und schrill, dass alle Vögel im Wald die Flucht ergriffen. Auch das Tier mit dem Geweih blieb stehen, drehte sich wieder um und streckte ihnen das Hinterteil entgegen.
„Halt!“, rief Ole. „Geh nicht weg, bleib hier!“

Doch das Tier verschwand wieder zwischen den Bäumen und zurück blieben nur seine Spuren im Schnee. Ole verdrehte die Augen. „Na toll. Da finden wir endlich ein Rentier und was machst DU? Du brüllst es an!"
Linni senkte zerknirscht den Kopf. „Tut mir leid. Aber es war so riesig!"
„Es war ja auch kein Rentier, sondern ein Elch", sagte Wullemuck. „Und mit einem Elch hätten wir sowieso nichts anfangen können. Die lassen sich nicht so gern vor einen Schlitten spannen."
Linnis Miene hellte sich mit einem Schlag wieder auf. „Ha! Siehst du? Ich wusste, dass da was nicht stimmt."
„Und? Dann war es eben ein Elch", sagte Ole. „Aber wenn in diesem Wald Rentiere waren, dann sind sie jetzt auch weg – weil DU so gebrüllt hast!"
„Du redest aber gerade auch nicht leise."
„Ich? Ich brülle aber nicht!"
„Jetzt schon."
„Nein! Ich rede nur lauter, damit du kapierst, um was es hier geht."
„Na, na, na, was ist denn hier los?" Der Gläserne Gustav stapfte durch den Wald und kam auf sie zu. „Für den Fall, dass ihr streiten wollt: Dafür haben wir keine Zeit. Wir müssen uns auf den Weg machen, also, wie sieht es aus: Habt ihr ein Rentier gefunden?"
Die Kinder senkten niedergeschlagen die Köpfe.
„Nein", seufzte Ole. „Hier gibt es keine."
„Wirklich nicht?" Gustavs Blick fiel plötzlich auf das Kuscheltier in Linnis Hand. „Na, ich denke doch!" Er zeigte auf Glöckchen und fing

an zu lachen. „Da haben wir doch eins! Ha! Ein Rentier. Warum habt ihr das nicht gleich gesagt?“

Ole und Linni sahen sich verwirrt an. Hatte sich der Gläserne Gustav beim Absturz vielleicht den Kopf angeschlagen? Ganz klar schien er jedenfalls nicht mehr zu sein.

„Das ... ähm, das ist ein Kuscheltier“, sagte Ole. „Das wissen Sie schon, oder?“

Nun lachte Gustav noch lauter. „Ja, ja, ist das nicht wunderbar? So bin ich noch nie gereist. Aber es könnte klappen!“

Linni starrte ihn an. „Was reden Sie denn da? Sie meinen, Glöckchen soll den Schlitten ziehen?“

„Glöckchen!“ Gustav klatschte in die Hände und strahlte. „Was für ein schöner Name.“

„Jetzt dreht er völlig durch“, raunte Ole.

Doch Gustav achtete nicht auf ihn. Er hatte sich bereits umgedreht und machte sich auf den Weg zurück zur Wiese. Die anderen folgten ihm.

„Also echt, ich lass Glöckchen doch nicht den Schlitten ziehen“, zischte Linni. „Was denkt er sich? Das arme Glöckchen.“

„Linni! Glöckchen kann den Schlitten nicht ziehen“, sagte Ole. „Es ist ein Kuscheltier, ja? Es geht nicht.“

„Es geht nicht, es geht nicht“, wiederholte Wullemuck. „Schon wieder so ein Menschensatz.“

„Glaubst du etwa, dass es geht?“, fragte Ole den Wichtel.

Wullemuck nickte. „Ja, ich glaube, Gustav hat einen Plan.“

„Aha. Du meinst, so einen Plan wie: Wir fliegen mit dem Ballon sicher über die Berge und stürzen nicht ab?“

„Vorsicht, Junge! Das hab ich gehört.“ Der Gläserne Gustav hob warnend den Zeigefinger und stapfte weiter, bis er den Schlitten erreichte, der eine Stunde zuvor noch ein Ballon gewesen war. Die zerrissene Hülle hatte Gustav zu einem riesigen Paket zusammengeschnürt, das den ganzen Korb ausfüllte und halb über den Rand hing. An der Unterseite des Korbs waren die Kufen nun weit ausgefahren und bogen sich an den Spitzen geschwungen nach oben.

„Los, Linni, stell dein Rentier mal in den Schnee“, sagte Gustav und zeigte auf eine kleine weiße Fläche, die er mit seinen Stiefeln platt getreten hatte.

Linni zögerte einen Moment und streichelte ihr Kuscheltier ein letztes Mal, bevor sie es auf den Boden setzte. „Alles gut, Glöckchen, ich bin bei dir.“

„Bitte alle einen Schritt zurücktreten!“, befahl Gustav. Er griff nach der goldenen Kugel, die an der Kette um seinen Hals hing, und schraubte sie auf.

Linni bekam große Augen und Ole schnappte nach Luft. Der Glanz der Weihnacht! Natürlich! Dass er daran nicht gedacht hatte ... Der Glanz konnte bewirken, dass die Zeichnungen auf der Landkarte lebendig wurden. Konnte er vielleicht auch ein Kuscheltier zum Leben erwecken?

Gespannt beobachteten die Kinder, wie Gustav die Kugel öffnete. Zuerst nur einen Spalt, dann

klappte er sie weiter auf – und wieder floss ein heller goldener Schein daraus hervor wie ein Wasserfall aus gleißendem Licht. Der Glanz traf auf das Kuscheltier am Boden und umspülte es wie eine Welle. Die Funken schlugen aus und verdichteten sich zu einem glitzernden Wirbel, so hell, dass sich alle geblendet abwenden mussten.

Linni schlug sich die Hände vor das Gesicht. Sie spürte einen warmen Wind um sich herum. Es rauschte und pfiff, es zischte und klingelte. Und plötzlich schnaubte es leise. Linni öffnete die Augen.

Der warme Wind hatte sich wieder verzogen und Gustav schloss die goldene Kugel an seiner Kette, denn der Glanz der Weihnacht hatte sein Versprechen erfüllt: Vor ihnen stand ein großes, prachtvolles

Rentier. Es hatte dunkle, glänzende Augen, an seinem verzweigten Geweih hingen silberne Glöckchen, die bei jeder Bewegung klingelten, und um den Hals hatte es immer noch einen rot-weiß gestreiften Schal geschlungen.
Linni konnte es kaum glauben. „Glöckchen", stammelte sie. „Bist du es wirklich?"
Sie stolperte nach vorn und streckte zitternd die Hand aus. Auch das Rentier kam ihr einen Schritt entgegen und senkte den Kopf. Es stupste Linni mit der Schnauze an, um sie zu begrüßen, und Linni strich mit der Hand über das hellgraue Fell, das immer noch so vertraut roch, wie sie es von ihrem Kuscheltier gewohnt war.
„Du bist es!", schluchzte sie. „Du bist lebendig!" Sie schlang die Arme um den Hals des Tieres und musste gleichzeitig lachen und weinen.
„Na, sieh mal an ... Das hat ja tatsächlich geklappt", sagte Gustav und klatschte zufrieden in die Hände. „Ich muss zugeben, ich war nicht ganz sicher. Hab ich zum ersten Mal ausprobiert."
„Zum ersten Mal?" Ole sah ihn ungläubig an. „Aber wie ... wie lange hält der Zauber denn?"
„Hoffentlich lange genug", sagte Wullemuck.
Gustav zuckte mit den Schultern. „Keine Ahnung. Ich weiß nur, dass wir keine Zeit mehr verlieren sollten. Das Wandernde Dorf wandert und wartet nicht. Also bitte: Alle einsteigen!"
Mit Linnis Hilfe legte er dem verzauberten Rentier das Zaumzeug an und spannte es vor den Schlitten.
„Bist du bereit?", fragte Linni leise.
Das Rentier nickte.

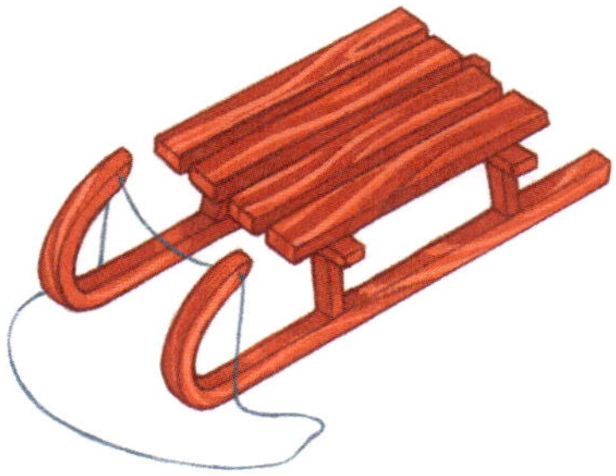

Das Wandernde Dorf

Linni kam sich vor wie in einem Traum. Sie saß auf dem Rücken ihres Rentieres und hielt die Zügel in der Hand, während Glöckchen munter den Weg entlangtrabte. Es klingelte und knackte, um sie herum wirbelte der Schnee auf und flog glitzernd durch die Luft.

„Ho, ho, ho!“, rief sie immer wieder und lachte, weil sie sich so freute, auf ihrem Kuscheltier reiten zu können. Es war zwar größer geworden, aber es fühlte sich noch genauso weich an und auch der rote Marmeladenfleck hinter dem linken Ohr war noch da. Linni schnupperte daran. Ja, das war eindeutig Mamas Himbeermarmelade. Davon hatte Glöckchen beim Frühstück mal einen Klecks abbekommen.

„Ho, ho, ho! Lauf, Glöckchen, lauf!“

„Auf geht’s zum Wandernden Dorf!“, jubelte Ole.

Sie ließen den Wald hinter sich und das Rentier zog mit magischer Kraft den Schlitten hinter sich her, immer schneller und schneller. Gustav half ein wenig mit, indem er an dem Propeller kurbelte, der an der Rückseite des Korbs befestigt war. Aber als sie eine weite

Ebene mit sanften weißen Hügeln erreichten, überließ er Ole die Kurbel.

„Mach du mal weiter, Junge! Ich muss einen Blick auf die Karte werfen."

Der Gläserne Gustav entrollte seine magische Landkarte und fuhr mit dem Finger verschiedene Linien nach, dann stutzte er.

„Oh!" Überrascht zupfte er an seinem Schnurrbart herum und sah auf. „Also, ich habe eine gute und eine schlechte Nachricht. Welche wollt ihr zuerst hören?"

„Die schlechte", sagte Ole.

Gustav holte tief Luft, als müsste er Kraft sammeln, um es auszusprechen: „Das Dorf ist leider weitergewandert."

„Oh nein!", quiekte Wullemuck.

„Und was ist die gute Nachricht?", fragte Ole.

Das Gesicht des Kugelmannes verzog sich zu einem breiten Lächeln.

„Die gute Nachricht ist ... Wir sind gleich da."

„Was?" Ole starrte ihn an und Wullemuck streckte seinen Kopf suchend nach oben. „Wo? Wo? Wo ist es?"

„Das Dorf ist uns entgegengekommen", sagte Gustav. „Wir müssen ganz in der Nähe sein."

„DA!" Linnis Stimme überschlug sich fast vor Aufregung. „Da vorne sind Häuser!"

Ole folgte ihrem Blick und sah, dass vor ihnen zwischen den Hügeln tatsächlich die Umrisse eines Dorfes auftauchten, leicht verschwommen, als wäre es von Nebelschwaden umgeben. Ole blinzelte und kniff die Augen zusammen, als könnte er es auf diese Weise besser erkennen, aber das Dorf blieb seltsam unscharf, wie ein gemaltes Bild mit ineinanderfließenden Farben. Er sah, dass es vollständig von einer alten Mauer umgeben war. Aber was befand sich dahinter? Schneebedeckte Dächer, Türme, Bäume ... Lichter blinkten und leise Musik drang über das Feld zu ihnen herüber.

„Ich kann es nicht richtig sehen", klagte Ole. „Es ist so verschwommen!"

„Geduld", sagte Gustav und hob die Hand. „Ihr müsst ein wenig Geduld haben. Der Nebel wird sich gleich verziehen."

Sie fuhren mit dem Schlitten näher heran und mit jedem Meter lösten sich die Wolken auf, nach und nach, wie weißes Seidenpapier, das um ein Geschenk gewickelt war und sich nun langsam entfaltet. Dahinter kam zum Vorschein, was es verborgen gehalten hatte: ein Ort, so wunderbar und malerisch, dass es Ole die Sprache verschlug. Auch Linni verstummte vor Staunen, denn sie näherten sich nun einem großen, gebogenen Tor. Es befand sich in der Dorfmauer und darüber hing ein altes Schild mit einem goldverzierten Rahmen:

Willkommen, wer die Weihnacht liebt,
verweil' an diesem Ort!
Doch wer aus dunkler Absicht naht,
der bleibe bitte fort.

„So, da sind wir“, sagte der Gläserne Gustav und sprang aus dem Schlitten. „Willkommen im Wandernden Dorf! Haben wir es also doch noch geschafft. Ohne abzustürzen!“ Er zwinkerte den Kindern zu und führte Glöckchen an den Zügeln durch das offene Tor.

Ole kam es vor, als würden sie eine Grenze überschreiten. Eine unsichtbare, magische Grenze wie am Tag zuvor im Wurzelreich. Denn auf einmal war alles anders. Auf ihrer Schlittenfahrt durch die einsame Landschaft war die Welt um sie herum weiß gewesen, weiß und still. Aber hier nicht. Hier war es bunt. In den schmalen Gassen herrschte ein geschäftiges Treiben, Lichterketten waren von Dach zu Dach gespannt und das ganze Dorf schien auf wundersame Weise zu leuchten. Zwischen normalen Steinhäusern standen immer wieder kleine Türme mit zwiebelförmigen Dächern und in den Ästen eines Baumes waren winzige Häuser zu sehen, die durch Leitern und Brücken miteinander verbunden waren. An den kahlen Ästen hingen zwar keine Blätter, aber dafür Kugeln, Sterne, goldene Glocken, kleine Körbe mit Nüssen, winzige Töpfe und Wäscheleinen, an denen gestreifte Socken und Zipfelmützen festgeklammert waren.

„Was ist das?“, fragte Linni und zeigte auf die Baumhäuser. „Wer wohnt da oben?“

„Da? Na, die Wichtel, die hier im Dorf arbeiten“, sagte Gustav.

„Manche wohnen auch in kleinen Stelzenhäusern rund um den Marktplatz.“

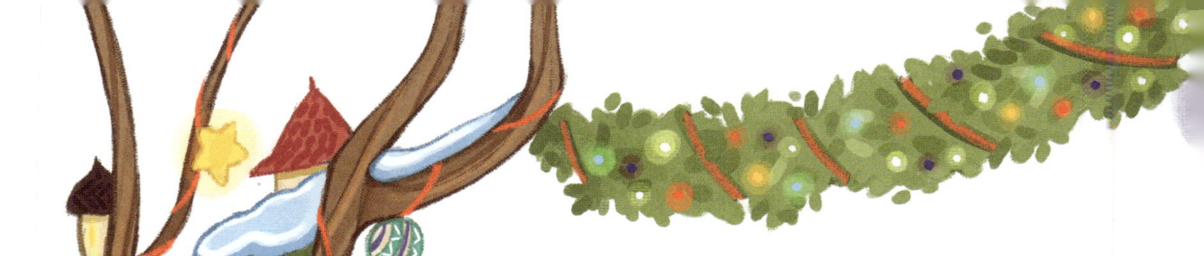

„Und wer wohnt hier noch?“, fragte Ole, denn er hatte gerade eine Frau in einem tannengrünen Kleid bemerkt, die seltsam spitz geformte Ohren hatte. Sie zog einen Schlitten mit Geschenken hinter sich her und ihre Haare waren zu einer kunstvollen Frisur aufgetürmt, in die goldene Rentiere eingeflochten waren.

„Das ist eine Weihnachtselfe“, raunte Gustav ihnen zu. „Weihnachtselfen sind ein bisschen kleiner als Wintermenschen, aber größer als Wichtel und Wurzelzwerge. Sie sind die Wächter des Wandernden Dorfes, müsst ihr wissen, und sie nehmen

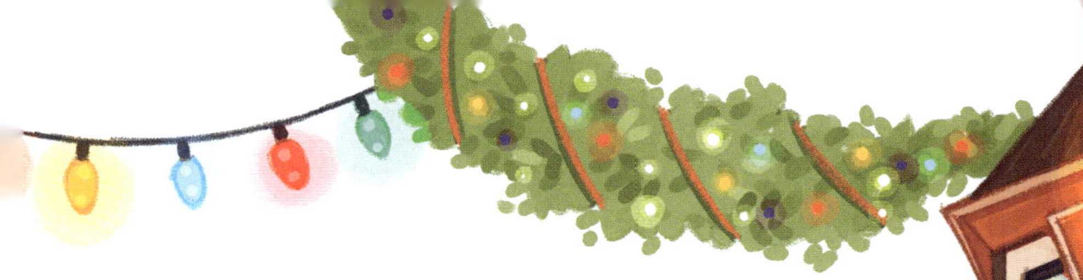

ihre Aufgabe sehr ernst! Im Auftrag des Wichtelmeisters hüten sie auch den Glanz der Weihnacht. Deshalb wirken sie auf den ersten Blick etwas ... na ja ... etwas streng. Aber keine Angst! Verhaltet euch einfach unauffällig, dann tun sie euch nichts.“

„Aha.“ Ole nickte, aber er war nun doch ein wenig beunruhigt, denn vor dem nächsten Haus entdeckte er einen weiteren Weihnachtselfen. Er trug einen dunkelroten Mantel, lehnte an der Wand und sah ihnen mit misstrauischen Blicken hinterher.

Sie gingen weiter und kamen an einer Weihnachtsbäckerei vorbei, an der

die Türen weit offen standen. Wunderbare Düfte zogen auf die Straße. Es roch nach Zimt und Orangen, nach Nelken, Nüssen, Schokolade und Mandeln.
„Achtung, hier kommt noch ein Blech Zimtsterne!“, hörte man drinnen eine Frauenstimme rufen. „Macht Platz für die Zimtsterne!“
„Wir haben keinen Platz mehr.“
„Stell sie draußen ab“, schlug jemand vor und kurz darauf trat eine Winterfrau mit einer weißen Schürze aus der Tür. Sie trug Ofenhandschuhe und ein Blech mit dampfenden, sternförmigen Keksen, das sie zum Abkühlen auf einen Tisch vor die Bäckerei stellte.
Als sie wieder hineingehen wollte, bemerkte sie plötzlich den Gläsernen Gustav und strahlte.
„Gustav! Schön, dich zu sehen. Bist du mal wieder hier, ja?“
„So ist es, ich habe eine neue Lieferung abzugeben“, sagte Gustav.
„Und danach muss ich noch zur Schneiderei. Mein Ballon hat auf der Fahrt leider einen Riss abbekommen, oben am Sturmgrat.“
„Ach je, wirklich?“ Die Bäckerin sah ihn erschrocken an. „Aber es ist nichts passiert, oder? Euch geht's allen gut?“
„Natürlich geht's uns gut. Du weißt doch: Der Gläserne Gustav stürzt nicht ab!“ Er schlug sich überzeugt auf die Brust, dann zeigte er auf das Blech und lächelte. „Aber es würde uns noch besser gehen, wenn wir mal von den Zimtsternen probieren dürften.“
„Na klar! Greift zu“, sagte die Winterfrau. „Ich kann euch auch noch ein paar Zitronenherzen bringen. Wir haben drinnen gerade viel zu viele Bleche herumstehen.“
Sie verschwand wieder im Haus, während Ole, Linni, Gustav und

Wullemuck das Angebot dankbar annahmen und von den duftenden Zimtsternen probierten. Auch ein flauschiges weißes Tier mit einem buschigen Schwanz sprang plötzlich auf den Tisch und schnappte sich einen Keks. Dann hüpfte es weiter und kletterte auf einen Baum.
„Was war denn das?“, fragte Linni überrascht. „Ein Eichhörnchen?“
„Fast“, sagte Wullemuck. „Im Land des Ewigen Winters heißen sie Schneehörnchen. Und ihr Fell ist nicht braun, sondern weiß.“
„Wie süß!“ Linni war entzückt und nahm sich noch einen Zimtstern. „Die sind wirklich lecker.“ Auch Ole wollte gerade seine Hand wieder nach dem Blech ausstrecken, als er zusammenzuckte. Vor ihnen auf dem Tisch tauchte wie aus dem Nichts ein kleiner Backwichtel auf. Er trug eine weiße Zipfelmütze und hatte einen Mehlfleck auf der Nase.
„Hier wurden noch Zitronenherzen gewünscht? Dann bitte mal Platz machen!“ Er schnippte mit den Fingern und schon landete neben ihm eine Schale mit herzförmigen Keksen. „Guten Appetit“, wünschte der Backwichtel und wollte gerade wieder verschwinden, als sein Blick auf Wullemuck fiel. „Oh! Du! Wir kennen uns doch ... Muckiwull, hab ich recht?“
„Muckiwull?“ Linni kicherte.
„Ich heiße Wullemuck.“
„Wullemuck! Natürlich. Wir haben uns letztes Jahr beim Eisrutschen im Wichtelwald getroffen, weißt du noch?“ Der Backwichtel beugte sich vor und sah ihn neugierig an. „Was machst du hier? Ich dachte, du bist ein Weihnachtswichtel und ... oh. OH!“ Er riss die Augen auf

und fuchtelte aufgeregt mit seinem Rührlöffel in der Luft herum.
„Du wurdest gesehen! Du wurdest gesehen!"
„Ja, ich wurde gesehen", seufzte Wullemuck und nahm sich ein Zitronenherz aus der Schale. „Wulli Knulli dumm dumm dumm ..."
„Ach, komm schon, Knulliwuck! Lass den Kopf nicht hängen." Der Backwichtel schnippte mit den Fingern und das Herz in Wullemucks Hand verwandelte sich auf einmal in ein Kleeblatt. „Das wird dir Glück bringen", sagte der Backwichtel und zwinkerte ihm zu. „Bis später, Wulliknull, im Tannenkreis!"
Mit einem *Schnipp* verschwand der Backwichtel wieder und Wullemuck sah überrascht auf den kleeblattförmigen Keks in seiner Hand.
„Das war aber nett von ihm", fand Linni.
„Ja", murmelte Wullemuck. „Sehr nett."
Während sie nun ihre Kekse aßen, sahen sich die Kinder um. Die Bänke, die vor der Bäckerei standen, waren aus einzelnen Teigrollern zusammengebaut und über dem Eingang hing eine Girlande aus Löffeln, Gabeln und Ausstechformen.

So war es bei fast jedem Haus im Wandernden Dorf: Jedes hatte seine Eigenart und den dazu passenden Schmuck. Vor einer Töpferei stand ein Tannenbaum, an dem bunt bemalte Tassen hingen.
Der Weihnachtsfriseur hatte sein Fenster mit Sternen und goldenen Scheren geschmückt. Und neben dem Eingang von *Gerdas Glühweinhütte* standen riesige grüne Flaschen, in denen zauberhafte Lichter das Glas von innen schimmern ließen. Es gab so viel zu entdecken, dass Ole und Linni gar nicht wussten, wo sie zuerst hinschauen sollten. Sie gingen nun neben Gustav, Glöckchen und dem Schlitten weiter die Gasse entlang, bis sie vor einem Laden hielten, der mit glänzenden Glaskugeln geschmückt war. Sie hingen an Tannenzweigen im Schaufenster und lagen aufgetürmt in großen Holzschalen vor dem Eingang.
Auf einem Schild über der Tür stand in roter Schrift:

KUGELZAUBER
WERKSTATT FÜR
WEIHNACHTLICHEN BAUMSCHMUCK
AN- UND VERKAUF

„Hier ist es", sagte der Gläserne Gustav. „Hier muss ich meine Kugeln abliefern. Und ihr ... ihr solltet euch jetzt dringend um euer Rentier kümmern! Irgendwie hab ich das Gefühl, dass der Zauber nachlässt."
Ole und Linni drehten sich um und sahen, dass Glöckchen tatsächlich angefangen hatte zu schrumpfen.

„Oh nein!“ Linni ging schnell zu ihrem Rentier, um es mit Gustavs Hilfe von den Zügeln zu befreien.
„Vielen Dank, kleiner Kerl. Danke fürs Herbringen“, sagte Gustav.
„Ja, das hast du wirklich gut gemacht.“ Linni strich ihrem Rentier liebevoll über das Fell. Es schnaubte leise und sah sie mit dunklen, glänzenden Knopfaugen an, dann sprang es munter im Kreis herum, so als wollte es noch einmal spüren, wie es ist, lebendig zu sein. Doch mit jedem Schritt und jedem Klingeln verlor es mehr und mehr von seiner Größe.
„Glöckchen, komm her! Komm zu mir!“, rief Linni und breitete ihre Arme aus.
Das kleine Rentier drehte sich um und tapste auf sie zu. Mit letzter Kraft hob es ab und sprang – und noch während es flog, löste sich

der Glanz der Weihnacht aus seinem Fell. Ein golden schimmerndes Band schlang sich ein letztes Mal um das Rentier, dann wurde es vom Wind davongetragen und Glöckchen landete wieder als Kuscheltier in Linnis Armen.
„Ach Glöckchen!“ Sie hielt es fest und drückte es an sich, froh, es wiederzuhaben, aber auch ein wenig traurig, weil der Zauber nun vorbei war. „Jetzt kann ich nie wieder auf dir reiten.“ Sie schluchzte auf und vergrub ihr Gesicht in dem weichen Fell.
„Warum weinst du denn?“, fragte Ole. „Freu dich doch, dass dein Kuscheltier wieder da ist!“
„Ja, aber ... aber jetzt kann es sich nicht mehr bewegen.“
Ole verdrehte die Augen. „Und? Lebendig hätten wir es doch nicht mit nach Hause nehmen können! Glaubst du, Mama und Papa wollen ein echtes Rentier im Wohnzimmer haben?“
Linni warf ihm einen verärgerten Blick zu und Wullemuck mischte sich ein. „Sieh es mal so, Linni: Du hast dein Reittier verloren, aber dafür auch etwas gewonnen. Eine wunderbare Erinnerung! Und die ist wertvoll, glaub mir. Wenn man in seinem Leben nämlich viele wunderbare Erinnerungen sammelt, dann wird man reich.“
Linni nickte und wischte sich die Tränen mit ihrem Kuscheltier weg. „Ich werde mich immer erinnern.“
„Sehr gut“, sagte Wullemuck. „Solche Erinnerungen machen nämlich glücklich und das Glück im Herzen ist das Wichtigste, vor allem an Weihnachten. Ich glaube, das habe ich schon mal erwähnt?“
„Hast du“, bestätigte Ole.

Gustav musste lachen. „Meine lieben Freunde! Ich muss sagen, ich hatte selten so eine unterhaltsame Reisebegleitung. Es war schön mit euch, wirklich, aber jetzt muss ich mich leider verabschieden." Er holte ein paar Schachteln aus seinem Ballonkorb. „Und ihr habt auch noch eine Menge vor, nicht wahr? Ihr müsst zum Tannenkreis! Da geht ihr am besten zum Marktplatz und dann immer weiter geradeaus. Folgt einfach den Schildern."

Er klopfte den Kindern zum Abschied auf die Schultern und strich Wullemuck über den Kopf. „Viel Glück bei der Prüfung, mein Freund! Du wirst es schon schaffen."

Wullemuck schluckte und wurde auf einmal ganz blass um die Nase.

„Aber Herr Gustav, halt!", rief Linni, als der Kugelmann schon auf dem Weg in den Laden war. „Wo treffen wir uns denn wieder? Wir müssen doch mit Ihnen zurückfliegen!"

„Zurück?" Gustav blieb verwundert stehen. „Mit mir? Nein, Kinder. Ich glaube, zurück werdet ihr auf eine andere Weise reisen." Er warf Wullemuck noch einmal einen vielsagenden Blick zu und lächelte, dann hob er die Hand und verschwand mit seinen Schachteln im Kugelladen.

„Was meint er damit?", fragte Ole und drehte sich zu Wullemuck um. „Wir reisen auf eine andere Weise ... Wie sollen wir denn zurückkommen?"

Wullemuck senkte den Kopf. „Na ja, also ... mit mir. ICH werde euch nach Hause bringen. Wenn alles gutgeht. Wenn ich meine Zauberkraft wiederhabe. Dann kann ich *schnipp* machen und euch nach Hause bringen. Aber nur, wenn alles gutgeht."

„Und wenn nicht?", fragte Linni.
„Wenn ... Wenn nicht", stammelte Wullemuck und riss vor Angst die Augen auf. „Keine Ahnung! Wulli Knulli dumm dumm dumm. Daran darf ich gar nicht denken."
„Daran sollst du auch nicht denken", schimpfte Ole. „Du wirst diese Prüfung schaffen, hörst du? Du wirst wieder zaubern können und uns zurückbringen."
„Ja, genau", sagte Linni. „Du wirst es schaffen, weil du ein guter Weihnachtswichtel bist."
„Danke", murmelte Wullemuck und rutschte ein wenig tiefer in den Rucksack hinein.
Doch Ole zog ihn wieder heraus. „Sag das mal", forderte er. „Sag, dass du ein guter Weihnachtswichtel bist."
„Ich ... Ich bin ein guter Weihnachtswichtel."
Wullemucks Stimme klang unsicher, aber Ole und Linni klatschten trotzdem, weil sie fanden, dass es ein Anfang war.
„Bravo! Und gleich noch mal."
Auf Wullemucks Gesicht erschien ein zaghaftes Lächeln. „Ich bin ein guter Weihnachtswichtel", wiederholte er, nun schon etwas überzeugter.
„Noch mal!", forderte Linni.
Wullemuck holte tief Luft. „Ich bin ein guter Weihnachtswichtel und habe es verdient, wieder zaubern zu können!"
Ole und Linni jubelten.
„Und jetzt auf zum Tannenkreis", sagte Ole. „Der Wichtelmeister wartet."

Der Weihnachtsdichter

Sie verließen die Gasse mit den vielen bunten Läden und erreichten wenig später den Marktplatz des Wandernden Dorfes. In der Mitte des Platzes stand der größte und wunderbarste Weihnachtsbaum, den Ole und Linni je gesehen hatten. Es dämmerte bereits und unzählige Lichter ließen die Kugeln und Sterne erstrahlen, die an den dunkelgrünen Zweigen hingen. Aber Kugeln und Sterne waren nicht der einzige Tannenschmuck, der an dem Baum zu bestaunen war. Es gab Figuren in allen Farben und Formen: kleine Rentiere und Hirsche mit glitzernden Geweihen, weiße Schneehörnchen, Vögel mit bunten Federn und Eulen mit goldenen Flügeln. Es gab Schneeflocken, Glocken, Hexenhäuser, Tänzerinnen mit fliegenden Röcken und sogar kleine Musikinstrumente, die von ganz alleine spielten. An einem Zweig bewegten sich die Tasten eines winzigen Klaviers, an einem anderen strich ein Bogen über eine Geige und entlockte ihr weiche, wohlklingende Töne. Ole und Linni gingen staunend darauf zu und stellten fest, dass dieser Weihnachtsbaum mit *stiller Nacht* ganz und gar nichts zu tun hatte, im Gegenteil: Überall in den Zweigen hörte man es rascheln und piepsen, lachen, reden, singen und klingen. Die Figuren blieben auch nicht fest an ihrem Platz, sondern schienen sich immer wieder neue Zweige zu suchen. Sie hüpften und kletterten und flogen in dem Baum herum. Eine Tänzerin wirbelte an einem Nussknacker vorbei, ein kleiner Bär spielte Fangen mit einer Maus.

„Das gibt's doch nicht, die sind alle lebendig!" Linni verfolgte mit großen Augen, wie ein goldener Schmetterling sich auf das Dach eines kleinen Hauses setzte, aus dem nun eine winzige Zwergenfigur heraustrat, um den Schnee von seinem Ast zu kehren.

„Ja, das ist der berühmte Weihnachtsbaum vom Wandernden Dorf", sagte Wullemuck. „Schön, oder?"

„Wunderschön! Schau mal, Glöckchen, was es hier alles gibt!" Linni zog ihr Kuscheltier aus der Jacke und hielt es nach oben.

Auch Ole fühlte sich ganz benommen von all den Eindrücken, die auf ihn einströmten, von den Lichtern, den Geräuschen und Gerüchen. Denn neben den Figuren hing auch noch allerlei Essbares an den Zweigen: Äpfel, Schokoladensterne und Zuckerstangen. Langsam ging Ole um den Baum herum und sah nach oben. Die Spitze war vom Boden aus kaum zu erkennen, so hoch ragte die mächtige Tanne in den Himmel. Wie ein Hochhaus, das sich Stockwerk um Stockwerk aufbaute. Und tatsächlich war es mehr ein Haus als ein Baum, denn überall lebten und wuselten seine Bewohner herum. Gerade hatte ein Schneehörnchen einem anderen eine Nuss geklaut und die beiden huschten durch die Zweige, bis sie von einer tapferen kleinen Eisenbahn gestoppt wurden, die ihnen eine Dampfwolke ins Gesicht blies.

„Guck mal, da ist Frau Holle!“, rief Linni plötzlich und zeigte auf eine Holzfigur, die ein Kissen schüttelte, aus dem weiße, glitzernde Flocken herausflogen.

„Und Dornröschen“, sagte Ole, denn er hatte gerade eine schöne Prinzessin in einem rosafarbenen Kleid bemerkt, die auf einem Ast schlief und laut vor sich hin schnarchte. Daneben saß ein Prinz und hielt sich genervt die Ohren zu.

„Oh! Sieht nicht so aus, als ob er sie küssen will“, kicherte Linni.

Sie gingen weiter um den Baum herum und entdeckten auch noch Rotkäppchen, den Froschkönig und Aschenputtel, das auf der Suche nach seinem Schuh war.

„Da ist er!“, rief Linni, um der kleinen

Märchenfigur zu helfen. „Unter dir! Da hängt ein Schuh."

„Ach, wirklich?" Aschenputtel schwang sich einmal um den Zweig herum, um einen Blick darauf zu werfen. „Du hast recht. Das ist wirklich ein schöner Schuh, aber es ist leider nicht der, den ich suche. Mein Schuh ist aus Glas."

„Oh! Stimmt", sagte Linni. „Dann musst du wahrscheinlich warten, bis der Prinz ihn dir bringt."

„Der Prinz? Nein. Da kann ich lange warten. Der Prinz verläuft sich immer zwischen dem dreiundzwanzigsten und dem vierundzwanzigsten Ast. Das dauert mir zu lange, wisst ihr, ich habe wirklich kalte Füße."

„Dann nimm doch die Socken da!" Ole zeigte auf einen Zweig in der Nähe, an dem kleine, gestreifte Socken hingen, die mit Süßigkeiten gefüllt waren.

Aschenputtel überlegte einen Moment. „Hm, warum eigentlich nicht?“ Sie griff nach den Socken und schüttete die Süßigkeiten aus, die sofort von einem Lebkuchenmännchen aufgefangen wurden, das auf einem Zweig weiter unten stand. „Ein bisschen groß, aber warm. Und so weich! Das ist wirklich besser als Glas. Danke, Kinder!“ Aschenputtel zog sich die riesigen Wollsocken an und winkte ihnen lächelnd zu, dann kletterte sie weiter in der Tanne herum.

Die Kinder sahen ihr ungläubig nach. „Ist das gerade wirklich passiert?“, fragte Ole. „Haben wir gerade mit Aschenputtel geredet?“

„Habt ihr“, sagte Wullemuck. „Und wegen euch trägt Aschenputtel jetzt gestreifte Socken und sieht irgendwie nicht mehr wie Aschenputtel aus.“

Die beiden Geschwister mussten lachten. Linni lehnte sich an Ole, der den Arm um sie legte, und zusammen gingen sie weiter über den Marktplatz. Rund um den Weihnachtsbaum standen kleine Holzhütten mit verschneiten Dächern und kunstvoll verzierte Straßenlaternen verströmten ein warmes Licht. Ole sah nach oben und bemerkte, dass an jeder

Laterne ein goldener Stern hing. Ein Stern, der auf wunderbare Weise schimmerte und glänzte.

„He!", rief er. „Das ist doch ... Das ist ..."

„Ein Stern", sagte Wullemuck. „Ein Stern aus dem Wandernden Dorf. Ja, so einer hing auch bei Smilla im Kaminzimmer und bei Alva an der Hauswand. Im Tannenkreis gibt es ganz viele davon."

Ole riss die Augen auf. „Können wir nicht einen mitnehmen? Ich meine ... für Alva."

„Oh ja!" Linni war begeistert. „Dann haben wir für Alva auch noch ein Geschenk. Da würde sie sich bestimmt freuen. Oder, Wullemuck?"

„Über so einen Stern? Natürlich würde sie sich freuen", sagte der Wichtel. „Aber ihr könnt ihn euch nicht einfach nehmen. Das wäre Diebstahl und das wird im Wandernden Dorf nicht gern gesehen. Denkt an die Weihnachtselfen!" Er sah sich beunruhigt um und senkte die Stimme. „Dahinten stehen nämlich welche und beobachten uns."

Ole und Linni blieben erschrocken stehen.

„Was? Wo –?"

„Links! Neben dem Karussell", zischte Wullemuck.

Ole und Linni suchten mit ihren Blicken den Platz ab und entdeckten zwei Weihnachtselfen. Sie standen am Rand einer kleinen

Eisfläche, auf der ein paar Wintermenschen und Wichtel Schlittschuh liefen, genau neben einem alten Karussell, das zu weihnachtlicher Musik seine Runden drehte.
„Oh, oh, sie kommen“, sagte Linni. „Was machen wir jetzt?“
„Ich verstecke mich!“ Wullemuck tauchte im Rucksack ab.
„Wir bleiben einfach ruhig“, sagte Ole. „Ganz ruhig. Wir haben nichts getan.“ Aber noch während er das sagte, spürte er, wie sein Herz schneller schlug. Ruhig zu bleiben, ist gar nicht so einfach, wenn der Rest des Körpers nicht das tut, was der Kopf will. Auch seine Hände fingen nun an zu zittern.
„Seid gegrüßt“, sagte einer der Elfen und blieb direkt vor ihnen stehen. Es war der Elf mit dem dunkelroten Mantel, der Ole schon in der anderen Straße aufgefallen war.
Er hatte eisblaue Augen und lange blonde Haare, die zu einem

Zopf zusammengebunden waren. Auf einer Hälfte seines Gesichts war ein blasses, schimmerndes Muster zu sehen, wie Schneekristalle auf der Haut.

„Ihr seid mit dem Gläsernen Gustav hier angekommen, nicht wahr?“ Der Elf musterte die Kinder von oben bis unten.

Linni nickte stumm.

„Und wo ist Gustav jetzt?“

„Er muss seine Kugeln abliefern“, sagte Ole. „Und wir schauen uns solange hier um.“

„Das dürft ihr. Natürlich. Schaut euch alles an, wir haben nichts dagegen! Wir wollen nur gerne wissen, wo ihr herkommt ... Aus Schlittenstadt? Oder vielleicht von der anderen Seite der Grenze?“ Der Elf beugte sich vor und seine Stimme nahm plötzlich einen drohenden Ton an.

Ole überlegte fieberhaft, was er antworten sollte, und wechselte einen Blick mit seiner Schwester. Sie konnten natürlich die Wahrheit sagen, aber was würde dieser Elf dann tun? Sie irgendwie bestrafen? Oder aus dem Dorf jagen?

„Wir ...“, begann er.

„Ja?“

„Wir sind ...“

„Da seid ihr ja endlich!“, rief plötzlich eine Stimme hinter ihnen. „Meine lieben Freunde, ich warte schon auf euch.“

Ole und Linni fuhren herum und sahen einen Mann vor sich stehen, der ungefähr so alt war wie ihr Vater. Er trug eine Brille, lächelte freundlich und stellte sich zwischen die Kinder, als würde er

sie kennen. Ole hatte keine Ahnung, wer der fremde Mann war, aber seine Stimme ließ ihn ruhiger werden.
„Sei doch nicht immer so streng, Halvo! Ich weiß, dass du eine wichtige Aufgabe hast, aber du musst nicht denken, dass hier überall Glanzdiebe unterwegs sind. Die Kinder gehören zu mir, also mach ihnen keine Angst."
Der Elf Halvo hob die Hände, als hätte er nie die Absicht gehabt, jemandem Angst zu machen. „Ich wollte nur fragen!"
„Ja, ja, natürlich. Kommt, Kinder! Wir gehen." Der freundliche Mann klopfte Ole und Linni auf die Schultern und führte sie in eine Gasse. Die Weihnachtselfen blieben auf dem Marktplatz zurück. Als sie nicht mehr zu sehen waren, atmete Linni erleichtert auf. „Puh! Das war knapp."
„Danke", sagte Ole. „Danke, dass Sie uns geholfen haben."
Der Mann lachte. „Ja, wisst ihr, ich hatte euch schon eine Weile beobachtet! Wie ihr um den Weihnachtsbaum herumgelaufen seid, mit diesem unverkennbaren Staunen im Gesicht. *Das sind bestimmt Jahreszeitenwechsler,* hab ich mir gedacht." Er blieb stehen und zwinkerte den Kindern zu. „Und ich habe recht, nicht wahr? Ihr kommt von der anderen Seite der Grenze."
Ole und Linni nickten.
„Sie sind hier wegen mir", sagte Wullemuck, der sich nun wieder aus seinem Rucksack heraustraute. „Ich habe meine Zauberkraft verloren und kann nicht mehr *schnipp* machen und Ole und Linni ... Sie haben mich den ganzen Weg hierhergebracht."
„Ein Weihnachtswichtel!" Der Mann sah ihn überrascht an. „Na,

diese Geschichte wird ja immer interessanter. Sagt mal, würdet ihr mir den Gefallen tun und sie mir erzählen? Eure Geschichte? Ich suche nämlich noch eine letzte Strophe für mein Weihnachtsgedicht und ich habe irgendwie das Gefühl, ihr könntet mir dabei helfen."

Ole sah ihn verwirrt an. „Wie meinen Sie das? Welches Gedicht?"

„Oh, verzeiht! Ich habe mich noch gar nicht vorgestellt." Der Mann lächelte, legte sich eine Hand auf die Brust und verbeugte sich. „Magnus Monk mein Name. Weihnachtsdichter aus dem Wandernden Dorf und Träger der Goldenen Feder."

Wullemuck schnappte nach Luft. „Sie ... Sie sind der Weihnachtsdichter?"

„Der und kein anderer." Magnus Monk lachte, dann zog er mit einer schwungvollen Bewegung einen Schlüssel aus seiner Tasche und öffnete die Tür eines kleinen, windschiefen Hauses. „Und nun tretet ein in mein bescheidenes Heim!"

Es ist die Weihnacht

Es tat gut, sich in der gemütlichen Stube des Weihnachtsdichters ein wenig aufzuwärmen. Wullemuck und die Kinder nahmen auf einem alten Sofa Platz und Linni setzte Glöckchen auf ein Kissen aus grünem Samt. Im Kamin brannte ein Feuer und vor einer großen Bücherwand stand ein Schreibtisch aus dunklem Holz. Darauf lagen mehrere Stapel Papier. Manche Blätter waren leer, andere beschriftet, und dazwischen stand ein Tintenfass, in dem sich eine goldene Feder befand. Ole und Linni spürten mit einem Mal, wie hungrig sie waren, und stürzten sich dankbar auf das Tablett, das Magnus Monk vor ihnen auf einen kleinen Tisch stellte. Ein knuspriges Wurzelbrot lag darauf, Käse, Wurst und leckere Kartoffelsterne. „Mmh", schmatzte Linni. „Vielen Dank!"

„Lasst es euch schmecken", sagte der Weihnachtsdichter. „Ich habe nicht oft Besuch von Jahreszeitenwechslern und freue mich jedes Mal, wenn welche da sind."

„Ach wirklich?" Ole sah ihn zweifelnd an. „Die Weihnachtselfen haben uns ja nicht so gerne hier."

„Nur manche", sagte Magnus. „Manche Elfen sind sehr misstrauisch,

das stimmt. Aber sie sind es aus gutem Grund, denn es ist ihre Aufgabe, den Schatz des Wandernden Dorfes zu bewachen."
Linni meldete sich wie in der Schule. „Den Glanz der Weihnacht!"
„Ja, genau." Der Weihnachtsdichter musste lachen. „Wie ich sehe, wisst ihr schon Bescheid. Der Glanz ist das wichtigste Werkzeug der Weihnachtswichtel, ohne den können sie nicht arbeiten. Und der Elf, den ihr eben kennengelernt habt – sein Name ist Halvo –, ist leider einer von den besonders strengen Glanzwächtern. Also, wenn er euch Angst gemacht hat, dann tut es mir leid."
Magnus Monk goss sich eine Tasse Tee ein und setzte sich in einen Schaukelstuhl, der knarrend nach hinten schwang. Er trug einen schwarz-weiß gemusterten Norwegerpulli. Nun rückte er seine Brille zurecht und sah seine Gäste erwartungsvoll an. „Nun gut! Wenn ihr gestärkt seid, würde ich wirklich zu gerne wissen, wie ihr es bis ins Wandernde Dorf geschafft habt, ihr drei. Wart ihr zufällig bei der Weihnachtshexe?"
Ole und Linni nickten und das Gesicht von Magnus Monk nahm einen schwärmerischen Ausdruck an.
„Ach! Runa Talvi ... Ist sie nicht wunderschön? Ich muss gestehen, ich habe schon mehrere Gedichte über sie geschrieben." Er hielt plötzlich inne und räusperte sich. „Ähm ... ja. Das ist eine andere Geschichte. Und wie kamt ihr dann vom Hexenhaus hierher?"
Ole, Linni und Wullemuck fingen an zu erzählen. Immer abwechselnd, mal der eine, dann die andere, und Magnus Monk hörte aufmerksam zu. Er nickte immer wieder, fragte nach und lächelte,

wenn die Kinder besonders begeistert waren von dem, was sie erlebt hatten.

„Wie schön“, sagte er, als sie ihre Erzählung schließlich beendet hatten. „Wirklich, Kinder, ich danke euch für diese wunderbare Geschichte! Und ich glaube ... Ja, ich glaube, ihr habt mir tatsächlich geholfen.“

Er stand auf und setzte sich an seinen Schreibtisch, nahm die goldene Feder aus dem Tintenfass und fing an, in geschwungenen Worten ein Gedicht zu vollenden, das er bereits auf einem alten Pergamentpapier begonnen hatte. Er wirkte ganz vertieft und Linni streckte neugierig ihren Kopf in die Höhe, um einen Blick auf das Papier zu erhaschen.

„Was machen Sie da?“, fragte sie. „Was schreiben Sie?“

„Psst!“ Wullemuck zupfte an ihrem Ärmel. „Stör ihn nicht.“

„Schon fertig!“ Magnus Monk drehte sich um und lächelte. „Wisst ihr, wir schicken hier aus dem Wandernden Dorf nicht nur schöne Dinge in die Welt hinaus, sondern auch schöne Worte. Und die Gedichte, die ich schreibe, werfe ich immer in den Weihnachtsbriefkasten in der Sternengasse. Von dort fliegen die Worte direkt zu euch, in die Länder der wechselnden Jahreszeiten.“

„Zu uns?“, fragte Linni überrascht. „Steht da eine Adresse drauf?“

„Nein.“

„Aber wo kommen die Gedichte dann an?“

Magnus Monk zuckte mit den Schultern. „Das weiß ich selbst nicht so genau. Irgendwo, wo der Wind sie hinträgt. Vielleicht landen sie in einem Wald. Auf irgendeiner Straße. In einer Stadt. Manchmal finden die Worte in die Welt und manchmal nicht.“ Er öffnete eine kleine Dose und streute etwas goldenen Glanz auf das Papier.

„Wollt ihr mein Gedicht denn mal hören?“

„Oh ja! Ja bitte“, sagte Linni.

Auch Ole und Wullemuck nickten und der Weihnachtsdichter lehnte sich in seinem Stuhl zurück und begann zu lesen:

Es ist die Weihnacht

Eine Tanne erstrahlt in festlichem Glanz,
sie neigt die Zweige, bittet zum Tanz,
erhellt die Nacht und erfüllt die Luft
mit ihrem Gefunkel, ihrem Duft,
während draußen der Schnee fällt,
leise und sacht.
Es ist die Weihnacht, die's möglich macht.

Schnee auf dem Dach, Geschenke im Haus,
ein paar Nüsse schnappt sich die kleine Maus
und fragt sich, was all die Menschen da tun,
warum sie nicht schlafen, warum sie nicht ruh'n ...
Warum wird gefeiert, gesungen, gelacht?
Es ist die Weihnacht, die's möglich macht.

Die Kinder staunen, sie spielen und naschen
und füllen sich im Geheimen die Taschen
mit Sternen aus Zimt und Schokolade –
alle schon weg? Ach, wie schade!

Vielleicht hängt noch eine Stange am Baum,
aus feinstem Zucker, lass uns mal schau'n!
So viel Zauber in einer einzigen Nacht?
Es ist die Weihnacht, die's möglich macht.

Es ist die Zeit der Geschichten,
die Zeit der Magie,
wenn Wichtel uns nah sind, so nah wie noch nie.
Wenn Kinder auf weite Reisen geh'n,
um das Land des Ewigen Winters zu seh'n,
mit weißen Tälern, hohen Bergen,
Hexen, Trollen, Wurzelzwergen ...
Ein wanderndes Dorf, das befindet sich dort
und vielleicht reist auch DU mal an diesen Ort.
Niemals, kann nicht sein – hast du grade gedacht?
Doch, doch.
Es ist die Weihnacht, die's möglich macht.

Als das letzte Wort verklungen war, war es für einen Moment still in der Stube. Ole, Linni und Wullemuck hatten wie gebannt zugehört, aber nun setzten sie sich mit einem Ruck auf und begannen zu klatschen.
„Bravo! Bravo!“, rief Wullemuck.
„Das war wirklich schön“, sagte Linni.
Der Weihnachtsdichter verbeugte sich und lächelte. „Vielen Dank, meine lieben Freunde. Danke fürs Zuhören. Aber nun wird es Zeit!

Für euch und für mich. Ich schlage vor, wir bringen zuerst das Gedicht zum Briefkasten und dann gehen wir weiter zum Tannenkreis."
Er rollte das Papier zusammen, wickelte ein rotes Band darum und ließ es in seiner Manteltasche verschwinden. Auch die Kinder zogen sich wieder an, Wullemuck kletterte in den Rucksack und zusammen traten sie hinaus auf die Straße.
Inzwischen war es dunkel geworden. Überall strahlten kleine Lichter an Häusern und Bäumen, Kerzen flackerten hinter Fenstern und über den Dächern des Dorfes war die Spitze des riesigen Weihnachtsbaumes zu sehen. An den Straßenlaternen leuchteten die goldenen Sterne und unter ihren Füßen knirschte der Schnee, während sie die Gasse hinuntergingen, bis sie einen kleinen Platz erreichten. Ein klingelnder Pferdeschlitten fuhr an ihnen vorbei, der von oben bis unten mit riesigen braunen Blöcken beladen war. Magnus Monk zog Linni schnell zur Seite, damit der Schlitten freie Bahn hatte.

„Heyho, Magnus! Heute schon gedichtet?“, fragte die Frau, die auf dem Kutschbock saß.
„Aber sicher!“, rief Magnus zurück. „Papier beschrieben, Tinte trocken – nun könnt mich Schokolade locken.“
Die Frau musste lachen. „Schokolade? Na, damit kann ich dienen. Komm doch nachher bei mir vorbei, ich mach dir eine Tasse!“
Sie fuhr winkend weiter und Ole sah ihr mit großen Augen nach.
„Was ... Was war denn das auf dem Schlitten? Diese braunen Blöcke –“
„Na, was war das wohl?“, kicherte Wullemuck.
„Schokolade?“ Ole drehte sich zu ihm um. „Das war doch keine Schokolade, oder? SO VIEL? Ich hab noch nie so viel Schokolade gesehen.“
„Ich auch nicht“, staunte Linni.
„Wirklich nicht? Oh, ich glaube, dann muss ich euch noch was zeigen“, sagte der Weihnachtsdichter. „Aber erst mal dürft ihr das hier einwerfen!“ Er holte die Schriftrolle mit dem roten Band aus seiner Manteltasche und zeigte auf einen Briefkasten, der in der Mitte des Platzes stand. Er war grün angestrichen und hatte ein kleines Dach, von dem ein paar Eiszapfen herunterhingen.
Auf der verzierten Klappe stand mit großen goldenen Buchstaben: *WEIHNACHTSPOST*.
„Wer mag?“, fragte der Weihnachtsdichter und hielt den Kindern die Schriftrolle hin.
„Ich, ich!“, riefen Ole und Linni gleichzeitig. Sie griffen beide nach der Rolle und jeder bekam ein Ende zu fassen.

„Ich will den Brief einwerfen“, sagte Linni.
„Warum immer du?“, fragte Ole. „Lass mich auch mal was machen!“
„Ich hab mich aber zuerst gemeldet!“
„Stimmt doch gar nicht!“
Sie zogen beide an der Rolle, so unnachgiebig, dass das schöne Papier zu reißen drohte.
„Passt auf!“, rief Wullemuck.
Die Kinder erschraken und ließen die Schriftrolle los. Sie landete unter dem Briefkasten im Schnee.
„Das darf doch nicht wahr sein“, schimpfte Wullemuck. „Was macht ihr denn? Ihr hättet fast das Gedicht zerrissen!“
Die Kinder sahen betreten zu Boden.
Magnus seufzte und bückte sich, um die Schriftrolle wieder aufzuheben. „Nun, das hat ja leider nicht so gut geklappt. Wollen wir es vielleicht noch einmal versuchen?“ Er sah Ole und Linni fragend an und hielt ihnen ein zweites Mal die Rolle hin.
Die Kinder zögerten.
„Nimm du“, sagte Ole.
Aber Linni schüttelte den Kopf. „Nein, du! Ich durfte ja schon auf Glöckchen reiten.“
„Sicher?“
Ole nahm die Schriftrolle und überlegte einen Moment. „Wir können das Gedicht auch zusammen einwerfen. Du hältst es hier fest und ich hier.“
Der Weihnachtsdichter hob eine Augenbraue. „Haben wir es dann endlich, ja?“

„Ja", grinste Linni. „Gleich erledigt."

Sie nahm das andere Ende der Rolle und nickte ihrem Bruder zu. Ole öffnete die Klappe und zusammen ließen sie die Worte des Weihnachtsdichters in dem magischen Briefkasten verschwinden. Ein kühler Wind fuhr aus dem Schlitz hervor. Man hörte ein leises Rauschen wie von einem weit entfernten Sturm. Aber hinter der Klappe war es vollkommen schwarz, so als würde der Brief ins Nirgendwo fallen, tiefer und tiefer, an einen weit entfernten Ort.

„Wo er jetzt wohl landet?", fragte Linni und schloss nachdenklich die Klappe.

„Das weiß leider keiner", sagte Magnus. „Der Wind trägt die Worte fort, wohin auch immer. Vielleicht landet das Gedicht auf einem Schulhof und eine Lehrerin findet es und liest es ihrer Klasse vor. Oder es landet an einer Bushaltestelle. Dann könnte es jemand aufhängen und die Fahrgäste lesen es, während sie auf den Bus warten."

„Oder es landet bei uns im Garten", überlegte Linni. „Das kann doch auch sein! Ich werde gleich nachschauen, wenn wir nach Hause kommen."

„Das darfst du gerne tun", sagte Magnus.

„Und wenn es gar nicht gefunden wird?", fragte Ole. „Wenn es einfach verschwindet und niemand liest es? Das wäre doch schade."

„Ja, das wäre schade, aber so geht es vielen Dichtern. Weißt du, es werden so viele Worte geschrieben, die ungelesen bleiben und ungehört verhallen, da bin ich keine Ausnahme, nur weil ich der Weihnachtsdichter bin. Aber das Schreiben macht mir so viel

Freude, dass die Zeit, die ich damit verbringe erfüllt und nie vergeudet ist."
„Hm ... schon", sagte Ole. „Aber ich fände es trotzdem schade, wenn das Gedicht nie wieder irgendwo auftaucht."
„Dann haltet die Augen auf!" Der Weihnachtsdichter beugte sich zu den Kindern vor und lächelte. „Seht euch um und geht aufmerksam durch die Welt, das schadet nie. Und wer weiß? Vielleicht taucht das Gedicht ja eines Tages an einem Ort auf, an den wir im Moment noch gar nicht denken."

Im Tannenkreis

Nun war es endlich so weit. Nach einer langen, abenteuerlichen Reise kamen sie ihrem Ziel mit jedem Schritt näher. Am Ende der Sternengasse standen keine Häuser mehr, sondern schneebedeckte Tannen. Sie hatten sich mitten im Wandernden Dorf zu einem kleinen Wäldchen zusammengefunden, das jedoch nicht dunkel war, sondern von Lichtern und Laternen erleuchtet. Bunte Wichtelhäuser waren in die Äste gebaut und zwischen den eng stehenden Bäumen erkannte man eine kreisförmige Lichtung.

„Da ... Da ist er“, stammelte Wullemuck. „Der Tannenkreis!“

„Ganz ruhig“, sagte Ole, während er den zitternden Wichtel auf den Boden setzte. „Ruhig bleiben, Wullemuck. Und immer daran denken, was wir besprochen haben.“

Linni beugte sich zu ihm hinunter und rückte ihm seine Zipfelmütze zurecht. „Du bist ein guter Weihnachtswichtel!“

„Ich ... Ich ... Ich bin ein guter Weihnachtswichtel.“

„Oje, das hört sich aber gar nicht gut an“, sagte Magnus.

Wullemuck sah so blass aus, als würde er gleich ohnmächtig werden.

„Ich habe Angst“, flüsterte er.

„Ja, das sieht man“, sagte Ole.
„Der Wichtelmeister ist so streng! Oh, Wulli Knulli stotter schwitz. Was ist, wenn er mir Fragen stellt, die ich nicht beantworten kann?“
Linni drehte sich Hilfe suchend zu Magnus um. „Dürfen wir ihn nicht doch begleiten? Nur noch ein Stück. Um ihm zu helfen ...“
„Nein.“ Der Weihnachtsdichter schüttelte bedauernd den Kopf. „Das muss er leider allein schaffen. Der Tannenkreis ist ein Ort der Wichtel, zu dem nur noch die Weihnachtselfen und Brunnenwächter Zugang haben, aber keine Menschen.“
„Er hat recht“, schniefte Wullemuck. „Ich ... Ich muss allein gehen.“ Er sah auf und seine Augen füllten sich mit Tränen. „Aber ich danke euch, Ole und Linni. Danke, dass ihr mich hierhergebracht habt.“
„Ach Wullemuck!“ Linni schloss den kleinen Wichtel gerührt in die Arme. „Du wirst diese Prüfung schaffen. Ich hatte auch Angst,

weißt du ... als wir im Wurzelreich waren und die Schlaflosen Glöckchen geklaut haben. Aber obwohl ich Angst hatte, bin ich ihnen hinterhergerannt – weil ich es einfach musste."

Ole nickte. „So war es bei mir in Schlittenstadt. Als wir ganz oben auf dem Berg standen, da hatte ich plötzlich Angst, als ich den steilen Hang gesehen habe. Große Angst, echt. Ich hab's nur nicht zugegeben. Aber dann war es nur ein kleiner Schritt und die Sache lief. Und so ist es jetzt bei dir auch. Wie beim Schlittenfahren."

„Wie beim Schlittenfahren", wiederholte Wullemuck.

„Ja, genau: einmal überwinden und dann läuft es von ganz allein."

Ole klopfte ihm aufmunternd auf die Schultern.

Wullemuck holte tief Luft. „Also gut."

„Dann gehst du jetzt?", fragte Linni.

„Dann gehe ich jetzt."

Ole nickte zufrieden. „Wir treffen uns wieder hier, ja?"
„Es kann aber eine Weile dauern", sagte Wullemuck. „Ich muss den Wichtelmeister erst mal finden."
„Schon gut", sagte Linni. „Wir warten."
„Wir warten und essen solange Schokolade", schlug der Weihnachtsdichter vor.
„Oh ja, macht das! Das ist eine gute Idee." Auf Wullemucks Gesicht zeigte sich ein zaghaftes Lächeln. Er hob die Hand und winkte seinen Freunden ein letztes Mal zu, dann drehte er sich um und lief mit tapsigen Schritten in den Tannenwald hinein.
„Viel Glück!", riefen Ole und Linni und sahen ihm nach, wie er mit seiner gestreiften Zipfelmütze hinter den Bäumen verschwand.
„Viel Glück, Wullemuck", sagte auch der Weihnachtsdichter und fügte mit gesenkter Stimme hinzu: „Du wirst es brauchen."
Für einen Moment schwiegen sie, dann legte Magnus den Kindern behutsam die Hände auf die Schultern und führte sie zurück auf die Straße. „Kommt, ihr beiden! Im Moment können wir nichts für ihn tun. Wir können nur warten und das fällt uns leichter, wenn wir uns dabei ein wenig stärken."
Sie gingen die Straße entlang, bis sie ein kleines Haus erreichten, das aus braunen, glänzenden Steinen bestand. Doch als sie näher kamen, erkannten Ole und Linni, dass es gar keine Steine waren, sondern Blöcke aus feinster, duftender Schokolade. Um die Fenster rankten sich sternförmige Blumen aus Schokolade und neben dem Eingang stand ein ganzer Tannenbaum aus Schokolade, der mit bunten Zuckerperlen und Marzipankugeln geschmückt war.

„Das muss das Haus sein, von dem Smilla erzählt hat", staunte Ole. „Das Schokoladenhaus!"

„So ist es", sagte der Weihnachtsdichter.

Sie gingen hinein und stellten fest, dass auch innen alles aus Schokolade war: die Tische, die Stühle und die Bilder an den Wänden. Hinter einer Theke stand die Frau, die sie auf dem Pferdeschlitten gesehen hatten. Sie räumte gerade Gläser mit bunten Süßigkeiten in ein Regal und drehte sich lächelnd zu ihnen um.

„Hallo, Magnus, da bist du ja! Oh, und du hast zwei Kinder mitgebracht ... Wollt ihr vielleicht alle eine Tasse heiße Schokolade?"

„Sehr gerne", sagte Magnus. „Deshalb sind wir hier."

Ole und Linni nahmen an einem Tisch Platz und schauten sich um. An der Wand hing eine Girlande aus Zuckerstangen und Sterne aus weißer Schokolade verzierten die Tische.

„Darf man die Einrichtung hier eigentlich auch aufessen?", fragte Ole. „Die Lampen sehen so lecker aus."

„Also ich würde am liebsten den ganzen Stuhl aufessen", sagte Linni.

Magnus räusperte sich streng. „Ähm, nein, Stuhl und Lampen sollten wir bitte stehen lassen. Aber wenn ihr euch nicht beherrschen könnt, dann dürft ihr gerne das Besteck aufessen. Die Löffel sind nämlich auch aus Schokolade."

„Oh! Sehr gut." Linni grinste.

Wenig später bekamen sie ihre Tassen serviert und tatsächlich steckte in jeder Tasse ein brauner Löffel. Sie rührten damit in der cremigen Schokolade herum, tranken Schluck für Schluck

und spürten, wie sich eine angenehme Wärme in ihnen ausbreitete. Am Ende nahmen sie ihre angeschmolzenen Löffel wie Lollis in die Hand und knabberten daran herum.

„Vielleicht ist Wullemuck jetzt schon mit seiner Prüfung fertig“, meinte Linni. „Vielleicht war alles ganz einfach!“

„Das glaube ich nicht“, sagte der Weihnachtsdichter. „Es wird sicher noch eine Weile dauern.“

Ole rutschte unruhig auf seinem Schokoladenstuhl herum. „Und wenn nicht? Ich finde, wir sollten mal nachschauen.“

„Ja bitte! Gehen wir zurück. Wir können uns ja hinter einem Baum verstecken“, schlug Linni vor. Der Weihnachtsdichter zögerte, aber die Kinder waren sich bereits einig und sprangen auf.

„Also gut“, seufzte Magnus und griff nach seinem Mantel. „Wie ich sehe, lasst ihr euch nicht aufhalten.“

Sie verabschiedeten sich von der Wirtin, verließen das Schokoladenhaus und schlugen zusammen den Weg ein, der sie zurück zum Tannenkreis führte.

Als sie dort ankamen, stellten sie fest, dass sich das kleine Wäldchen verändert hatte. Es war nicht mehr so still wie vorher. Ein aufgeregtes Gemurmel lag in der Luft und überall wuselten kleine

Wichtel umher, als würden sie sich zu einer Versammlung aufmachen. Sie strömten alle in eine Richtung: zum Tannenkreis.
Ole, Linni und der Weihnachtsdichter versteckten sich hinter einem Baumstamm und versuchten, einen Blick auf die Lichtung zu werfen. Kleine Fackeln steckten dort kreisförmig im Boden und in der Mitte saß ein alter Wichtel auf einem Baumstumpf.
„Da!", zischte Ole. „Das muss der Wichtelmeister sein!"
Er war größer als die anderen Wichtel, trug einen grünen Mantel über den Schultern und hatte einen langen grauen Bart, der die Hälfte seines runzligen Gesichts bedeckte.
„Und vor ihm steht Wullemuck", flüsterte Linni aufgeregt. „Da, vor dem Baumstumpf! Kannst du hören, was sie reden?"
Ole schüttelte den Kopf. Er sah nur, wie Wullemuck etwas zu erklären schien und dazu seine Arme und Hände benutzte.
Seine gestreifte Zipfelmütze wackelte unruhig hin und her.
„Wir können doch noch ein Stück weitergehen", raunte Linni.
„Nur bis zur nächsten Tanne!"
Ole nickte, aber der Weihnachtsdichter riss erschrocken die Augen auf. „Halt! Was habt ihr vor? Linni, Ole ... nicht!"
Doch die Kinder waren schon losgelaufen. Geduckt schlichen sie sich durch den Schnee und versteckten sich hinter dem nächsten Baumstamm. Der Weihnachtsdichter sah ihnen kopfschüttelnd nach.
„Hörst du jetzt was?", fragte Linni leise.
„Immer noch nicht", flüsterte Ole.
Er drehte sich um und entdeckte auf der anderen Seite der Lichtung

einige Weihnachtselfen. Sie lehnten an Baumstämmen und beobachteten aufmerksam, was im Tannenkreis vor sich ging.

„Schau mal, Ole, da!“ Linni zeigte auf die Zweige über ihren Köpfen, an denen die gleichen goldenen Sterne hingen wie auf dem Marktplatz. Der ganze Tannenkreis war voll davon und ihr Leuchten tauchte das kleine Wäldchen in ein geheimnisvolles Licht.

„Da sind wieder diese Sterne“, flüsterte Linni. „So einen wollen wir doch noch für Tante Alva mitnehmen.“

„Ich weiß“, raunte Ole. „Wir fragen Wullemuck nachher, ob er uns einen besorgen kann.“

Linni nickte und sah wieder nach vorne zu der Wichtelversammlung. Die kleinen Gestalten standen im Kreis um den Baumstumpf des Wichtelmeisters herum. Überall wackelten bunte Mützen – manche waren gestreift, andere gepunktet – und immer wieder hörte man ein Raunen und Klatschen.

„Klatschen ist gut, oder?“, flüsterte Linni. „Dann hat Wullemuck wahrscheinlich was Richtiges gesagt.“

Ole hob den Daumen und grinste. Aber mit einem Mal gefror ihm das Grinsen im Gesicht, denn er bemerkte, dass ein Elf in einem roten Mantel sich einen Weg durch die Tannen bahnte. Es war Halvo, der einen großen Wächterstab in der Hand hielt und mit schweren Schritten durch den Schnee stapfte. Er kam immer näher, genau in ihre Richtung.

„Psst!“ Magnus Monk winkte den Kindern hektisch zu. „Geht weg! Weg!“

Ole packte seine Schwester am Arm. „Wir müssen uns verstecken.“

„Aber wo?“ Linni sah sich erschrocken um. „Wo sollen wir denn hin?“

„Keine Ahnung“, zischte Ole. „Lauf einfach ... Lauf!“

Der goldene Brunnen

Ole und Linni duckten sich und liefen los. Wie zwei Schneehasen auf der Flucht sprangen sie von einer Tanne zur nächsten und suchten Schutz hinter den immergrünen Zweigen der Bäume.
„Wir müssen raus aus dem Wald", keuchte Ole. „Wir müssen zurück ins Dorf!"
Linni zeigte auf einen schmalen Weg, der vor ihnen zu einem hell erleuchteten Häuschen führte. „Ich glaube, da geht es raus!"
Sie huschten den Weg entlang und gelangten zu dem kleinen Haus, das aus der Nähe betrachtet gar kein Haus war. Verwundert stellten sie fest, dass es weder Wände hatte noch Türen. Es hatte nur ein goldverziertes Dach, das auf vier Säulen stand. In der Mitte darunter befand sich ein kreisförmiger Brunnen, aus dem ein golden funkelndes Licht aufstieg. Leuchtende Schwaden loderten auf wie Flammen, zart und warm, die sich im Wind verloren und wieder zu neuen Formen zusammenfügten. Die ganze Luft war erfüllt von einem magischen Glitzern und Ole und Linni waren für einen Moment wie erstarrt von der Wucht ihrer Entdeckung.
„Das ... Das muss der Glanzbrunnen sein", flüsterte Ole.

Linni nickte stumm.
Sie sahen beide wie gebannt dem zauberhaften Lichterspiel zu und spürten, wie die Wärme sie von oben bis unten einhüllte. Warum sie weggerannt waren, hatten sie vergessen. Warum sie hier waren, auch. Sie hatten nur noch Augen für das, was vor ihnen lag.
Schritt für Schritt ging Linni auf den Brunnen zu, angezogen von einer unsichtbaren Macht. Ihr Mund fühlte sich auf einmal ganz trocken an und sie zitterte vor Aufregung. Der Glanz der Weihnacht ... so nah! Sie konnte Glöckchen wieder lebendig machen. Sie musste ihr Rentier nur in den Brunnen tauchen ... nur kurz.
„Nein, Linni, nicht!" Ole kam wieder zu sich und riss entsetzt die Augen auf. „Linni!"
Doch sein Schrei wurde von einer anderen Stimme übertönt, die im selben Moment dunkel und grollend durch den Wald hallte.
„ZURÜCK!"
Hinter den Säulen tauchten plötzlich zwei Weihnachtselfen auf, die Ole und Linni an den Schultern packten und von dem Brunnen wegzogen. Sie brachten sie zu Halvo, der sich mit verschränkten Armen vor ihnen aufbaute.
„Na, wen haben wir denn da?", fragte er wenig überrascht. „Zwei Jahreszeitenwechsler, die den Glanzbrunnen gefunden haben. "
„Wir ... Wir wollten nichts nehmen", stammelte Ole. „Wirklich nicht!"
„Ach nein? Das sah aber anders aus."
Linni vergrub ihr Gesicht in den Händen und schluchzte. Alles in ihr zog sich zusammen. Was war nur mit ihr los gewesen? Warum hatte sie dem Glanz nicht widerstehen können?

„Es tut mir leid“, stieß sie mit erstickter Stimme hervor. „Ich wollte das nicht!“

Ole legte schnell den Arm um sie. „Wir haben den Brunnen nur zufällig entdeckt! Bitte. Bitte, tun Sie ihr nichts. Wir sind keine Diebe!“

Halvo musterte sie mit seinen eisblauen Augen von oben bis unten. „Das dürft ihr gerne alles dem Wichtelmeister erklären. Los jetzt!“

Er gab den beiden Wächterelfen ein Zeichen und sie führten die Kinder durch den kleinen Wald zurück zum Tannenkreis. Er war immer noch von Fackeln erleuchtet und überall wuselten aufgeregte Wichtel herum. Sie waren durch die Schreie aufgescheucht

worden und einige
fingen nun selbst
an zu schreien, als die Weihnachtselfen
mit zwei Menschenkindern im
Schlepptau die Lichtung betraten.
„Halvo!“, rief der Wichtelmeister und erhob sich von
seinem Baumstumpf. „Halvo, was hat das zu bedeuten?“
Ole sah sich mit klopfendem Herzen um. Aus dem Wald traten
noch mehr Elfen hervor und auch Magnus Monk tauchte mit
blassem Gesicht hinter einem Baum auf.
„Ole! Linni! Was ist denn passiert?“, meldete sich plötzlich
eine vertraute Stimme zu Wort. Wullemuck zupfte besorgt an
Oles Hosenbein. „Was macht ihr hier?“
„Oh, Wullemuck! Es tut mir so leid.“ Linni fiel vor dem
kleinen Wichtel auf die Knie und brach in
Tränen aus.

„Wir haben die beiden Kinder am Brunnen erwischt", berichtete Halvo dem Wichtelmeister. „Sie wollten sich gerade etwas vom Glanz der Weihnacht nehmen."
Der Wichtelmeister holte tief Luft und richtete seinen Blick auf Ole und Linni. „Ist das wahr?"
„N...nein", stotterte Ole. „Ich meine ... schon. Wir haben den Brunnen entdeckt, ja, aber wir wollten nichts nehmen! Wir haben ihn nur angeschaut."
Halvo stieß seinen Wächterstab in den Schnee und schüttelte den Kopf. „Dem muss ich leider widersprechen, Meister. Wir haben beobachtet, wie das Mädchen auf den Brunnen zugegangen ist. Sie hat nicht nur geschaut! Sie hatte ganz offensichtlich irgendetwas vor."
„Oh, Linni!" Wullemuck sah seine Freundin bestürzt an. „Sag dem Wichtelmeister, was passiert ist. Sag ihm, dass du nichts getan hast. Na los!"
„Ich ... Ich wollte nur ... Glöckchen", schluchzte Linni. „Mein Kuscheltier! Ich wollte, dass es noch mal lebendig wird ... mit dem Glanz ... Ich ... Ich hab nicht nachgedacht ... Es tut mir leid."
„Soso", sagte der Wichtelmeister und seufzte. „Du konntest also nicht widerstehen. Wie so viele Menschen, die den Weg hierher gefunden haben." Er drehte den Kopf und wandte sich an Wullemuck. „Und du kennst diese beiden Kinder?"
„Ja, Meister. Das sind Ole und Linni. Sie sind meine Freunde, keine Diebe. Und sie sind nur hier, weil sie mich begleitet haben."
Ein Raunen ging durch den Tannenkreis und einige Wichtel

steckten tuschelnd die Köpfe zusammen. Wullemuck ließ sich jedoch nicht beirren.

„Die Kinder haben mir geholfen! Ohne sie hätte ich es nie bis ins Wandernde Dorf geschafft – niemals!“

„Ich verstehe“, sagte der Wichtelmeister und versank für einen Moment in nachdenklichem Schweigen. Er strich sich über seinen langen grauen Bart und ließ seine wachsamen Augen von Wullemuck zu den Kindern wandern.

Ole spürte, wie Linni neben ihm immer noch zitterte. „Es wird alles gut“, flüsterte er. „Keine Angst!“ Er nahm die Hand seiner Schwester und drückte sie.

Linni schluchzte ein letztes Mal auf, dann wurde sie ruhiger.

„Nun gut“, sagte der Wichtelmeister nach einer Weile. „Hört, was ich entschieden habe!“ Er erhob sich und seine Stimme klang erstaunlich laut für ein so kleines Wesen.

„Der Glanz der Weihnacht ist unser Schatz, unser Geheimnis, und Wullemuck hat dieses Geheimnis in Gefahr gebracht, weil er zwei Kinder von der anderen Seite der Grenze bis an diesen Ort geführt hat. Sie wollten den Glanz für ihre Zwecke nutzen und dafür müsste ich ihnen eigentlich eine Strafe auferlegen. Es sei denn ...“

Der Wichtelmeister machte eine Pause und auf der Lichtung war es so still, dass man eine Schneeflocke hätte fallen hören können.

„Es sei denn?“, fragte Wullemuck mit banger Stimme.

„Es sei denn ... DU übernimmst ihre Strafe. Du kannst die Kinder wieder nach Hause bringen, Wullemuck, aber bedenke, dass du dann deine Zauberkraft für immer verlierst. Ich werde sie dir nicht mehr verleihen und somit wirst du auch kein Weihnachtswichtel mehr sein.“

„Was?!“ Ole fühlte sich, als hätte er einen Schlag ins Gesicht bekommen. Er taumelte nach hinten und stieß mit einem Weihnachtselfen zusammen, der ihn wieder nach vorne schob.

Linni wurde blass und schüttelte nur noch den Kopf. „Nein, bitte! Er kann doch nichts dafür!“

Doch der Wichtelmeister beachtete sie nicht. „Nun, Wullemuck, wie lautet deine Entscheidung? Sollen die Kinder bestraft werden? Oder verzichtest du für sie auf deine Zauberkraft?“

Der kleine Wichtel rührte sich nicht. Er schien wie erstarrt zu sein, festgefroren an dem eisigen Boden des Tannenkreises.

Ole ließ sich neben Wullemuck in den Schnee sinken. „Tu es nicht, Wullemuck, bitte! Du musst nicht auf deine Zauberkraft verzichten. Sie sollen UNS bestrafen, nicht dich.“

„NEIN!“ Wullemuck schrie auf und sein Gesicht verzerrte sich vor Wut. Mit einem Mal schien ein Ruck durch ihn zu gehen, wie ein Blitz, der unvermittelt vom Himmel schießt. Der kleine Wichtel ballte die Fäuste und trat näher an den Baumstumpf heran, auf dem der Wichtelmeister saß und zu ihm herunterblickte. „Niemals!“, rief er. „Niemals werde ich zulassen, dass unschuldige Kinder bestraft werden, nur weil sie das getan haben, was Kinder nun mal tun. Kinder staunen! Ja! Ole und Linni haben gestaunt, weil sie so ein Wunder wie den goldenen Brunnen noch nie gesehen haben. Sie haben gestaunt – und ist nicht genau DAS der Sinn unserer Arbeit? Dass wir Kinder in der Weihnachtszeit zum Staunen bringen und ihre Augen zum Glänzen? Dass sie sich über jede kleine und große Überraschung freuen? Ich BIN ein Weihnachtswichtel – ganz egal, ob ich zaubern kann oder nicht – und ich werde nicht länger zusehen, wie zwei Kinder hier stehen müssen wie vor einem Gericht, angeklagt und zitternd vor Angst. Weil das nicht das ist, was sie kurz vor Weihnachten erleben sollen. Nein! Das ist genau das, was wir verhindern sollen, wir Weihnachtswichtel, und deshalb werde ich die Kinder jetzt nach Hause bringen, zu ihren Eltern. Jawohl!"

Wullemuck funkelte den Wichtelmeister wütend an, der sich jedoch nicht aus der Ruhe bringen ließ.

„Du entscheidest dich also für die Kinder?", fragte er.

„Natürlich", schnaubte Wullemuck. „Hab ich mich nicht klar genug ausgedrückt?"

Plötzlich erschien ein Lächeln auf dem Gesicht des Wichtelmeisters, ein warmes Lächeln, das seine alten Augen glänzen ließ.

„Doch, mein Freund. Du hast dich sogar sehr klar ausgedrückt und ich gratuliere dir von ganzem Herzen zu deiner Entscheidung: Du hast deine Prüfung bestanden."
Er neigte den Kopf und im nächsten Moment brach im ganzen Tannenkreis lauter Jubel aus. Die anderen Wichtel schrien und klatschten und warfen ihre Zipfelmützen vor Freude in die Luft. Aus allen Ecken kamen sie angerannt und stürmten auf Wullemuck zu, um ihn hochzuheben und jauchzend in die Luft zu werfen.
„Was ... Was passiert hier?", stammelte Ole, der um sich herum nur noch lachende und tanzende Wichtel sah. Auch die Weihnachtselfen wirkten auf einmal ganz freundlich und nickten ihnen zu, bevor sie sich in den Wald zurückzogen. Nur Halvo hob noch einmal den Zeigefinger und warf ihnen einen strengen Blick zu.
„Ich verstehe gar nichts mehr", sagte Linni verwirrt.
Der Wichtelmeister lachte. „Nun, Kinder, das war Wullemucks Prüfung! Er sollte mir zeigen, ob er das Herz eines wahren Weihnachtswichtels hat – und das hat er eindrucksvoll bewiesen, nicht wahr? Er wird seine Zauberkraft wiederbekommen."
„Wirklich?", fragte Ole.
„Ja, wirklich."
Die Kinder sahen sich an und strahlten. Auf einmal fiel eine große Last von ihnen ab, Stück für Stück, wie ein Panzer aus Eis, der zu tauen beginnt.
„Und was ist mit unserer Strafe?", fragte Linni.
„Oh, bitte!" Der Wichtelmeister winkte ab und lächelte. „Ich hatte nie die Absicht, euch zu bestrafen, das müsst ihr mir glauben. Das

war alles nur Teil der Prüfung und ich entschuldige mich, wenn ich euch damit Angst gemacht habe.“ Er beugte sich vor und hob seine buschigen Augenbrauen. „Habe ich euch Angst gemacht?“
Ole und Linni nickten und der Wichtelmeister seufzte, als würde er das sehr bedauern.
„Das tut mir leid. Aber wartet, vielleicht kann ich es wiedergutmachen!“ Er schnippte zweimal mit den Fingern und wie aus dem Nichts tauchten über den Kindern zwei goldene Sterne auf. Sie schwebten in der Luft und funkelten auf magische Weise, als wären sie besonders tief in den Glanzbrunnen getaucht worden. Langsam sanken sie herab, bis sie in den Händen der Kinder landeten.
„Ein kleines Geschenk“, sagte der Wichtelmeister. „Zum Dank dafür, dass ihr Wullemuck den weiten Weg bis hierher gebracht habt. Das war sehr mutig von euch – und es gelingt nicht jedem.“
Ole und Linni sahen überrascht auf die Sterne in ihren Händen und bedankten sich bei dem alten Wichtel. Dann stieß Linni ihren Bruder mit dem Ellenbogen an.
„Ha! Jetzt haben wir doch noch einen Stern für Tante Alva.“
„Ja, schon“, sagte Ole. „Aber wer bekommt den anderen? Du oder ich?“
Linni überlegte einen Moment. „Hm ... Wir beide. Wir teilen!“
„Wir teilen? Das hat doch noch nie geklappt.“
„Aber dieses Mal schon“, sagte Linni. „Wir hängen den Stern ins Wohnzimmer. Dann gehört er allen und jeder kann ihn anschauen. Abgemacht?“
Sie hielt ihrem Bruder die Hand hin und Ole schlug lächelnd ein.
„Abgemacht.“

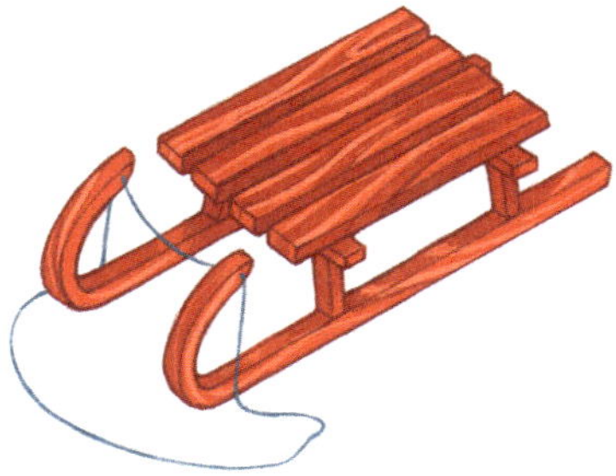

Die Rückkehr

Wullemuck wurde noch eine Weile von den anderen Wichteln gefeiert. Sie trugen ihn auf den Schultern kreuz und quer durch den Tannenkreis, ließen ihn hochleben und sangen dabei fröhliche Lieder, die sehr vielstimmig und schief klangen, weil jeder Wichtel eine andere Melodie bevorzugte. Krüge schwebten durch die Luft und füllten goldene Becher, ein paar Musikwichtel saßen auf einem Baum und zupften an ihren Instrumenten. Ole und Linni beobachteten das bunte Treiben und mussten immer wieder lachen, denn das wilde Wichtelgewusel erinnerte sie an einen Ameisenhaufen. Auch den Backwichtel aus der Weihnachtsbäckerei entdeckten sie in der Menge. Er umarmte Wullemuck besonders lange und tanzte mit ihm über die Lichtung, bis der Wichtelmeister sich schließlich von seinem Baumstumpf erhob. Die Wichtel bildeten einen großen Kreis und Wullemuck wurde in die Mitte geführt. Seine Wangen glühten vor Freude und Stolz und er sah so glücklich aus, dass Linni sich wieder eine Träne aus dem Auge wischen musste, aber dieses Mal, weil sie so gerührt war.
Der Wichtelmeister schnippte mit dem Finger. Zuerst schien nichts

zu passieren, doch als Ole in den Himmel sah, bemerkte er eine Sternschnuppe, die einen hellen Schweif hinter sich herzog. Sie kam näher und näher und plötzlich knallte es. *Paff!* Genau über Wullemuck zerfiel das geheimnisvolle Licht in tausend Funken, die schwebend zu Boden rieselten wie ein magischer Regen. Wullemuck wurde von oben bis unten eingehüllt, hob die Arme und strahlte. Er nahm die Zauberkraft in sich auf, die ihm so schmerzlich gefehlt hatte, und kaum war der letzte Funke verglüht, machte er *schnipp!* – und verschwand.

„Was ... Was ist denn jetzt los?", fragte Ole.

Linni drehte sich verwirrt um. „Wo ist er hin?"

„Hier oooben!", krähte eine Stimme über ihren Köpfen.

Ole und Linni sahen nach oben und bemerkten, dass Wullemuck dort in einer Tanne saß und vergnügt seine Beine baumeln ließ, so als hätte er nie etwas anderes getan.

„Aha! Du kannst also wieder *schnipp* machen", sagte Ole.

„Ja, das kann ich."

Schnipp!
Wullemuck verschwand von seinem Ast und saß im nächsten Moment auf Oles Schulter. „Huhu!"
Linni musste lachen. „Das klappt ja richtig gut."
Schnipp!
Wullemuck saß nun auf Linnis Kopf. „Das klappt wichtelotastisch!", jubelte er. „Jetzt bin ich wieder der, der ich war, und kann tun, was ich will, und muss nicht mehr herumgetragen werden."
Schnipp!
Wullemuck verschwand und tauchte auf einem Schneehaufen wieder auf. „Kein Zweifeln mehr und kein Jammern. Und nie mehr Wulli Knulli dumm dumm dumm. Das bin ich nicht, es heißt jetzt Wulli Knulli schnipp!" Er rutschte auf seinen Füßen den kleinen Hügel hinunter und kam vor Ole und Linni zum Stehen. „Und das habe ich alles euch zu verdanken." Der Wichtel lächelte. „Danke, dass ihr an mich geglaubt habt, ihr beiden! Und dass ihr mir Mut gemacht habt, immer wenn ich ihn mal verloren hatte."
„Schon gut", murmelte Ole.
„Ich werde die Zeit mit euch nie vergessen."
Linni beugte sich zu Wullemuck hinunter und drückte seine kleine Hand. „Das werden wir auch nicht. Niemals!"
„Das kann aber passieren", sagte der Wichtel. „Wisst ihr ... wir werden uns nicht mehr sehen können auf eurer Seite der Grenze. Wir können auch nicht miteinander sprechen. Und wenn ich euch jetzt nach Hause bringe, werdet ihr wieder in eurem Zimmer landen und es wird euch vielleicht vorkommen wie ein Traum. Als wäre

das alles gar nicht passiert! So war es nämlich bei eurem Vater. Der dachte auch irgendwann, er hätte alles nur geträumt. Und dann ... dann hat er es vergessen."

„Aber wir tun das nicht", sagte Linni. „Versprochen! Wir werden dich und Runa und Matti und Smilla und Gustav und alle anderen nie vergessen."

Ole schluckte und sein Hals fühlte sich auf einmal wie zugeschnürt an. Er brachte kein Wort heraus, sondern nickte nur.

„Ihr könnt mir auch mal einen Brief schreiben", schlug Wullemuck vor. „Immer wenn ihr bei Alva seid. Dann schreibe ich zurück."

„Das machen wir bestimmt", sagte Linni. „Oder wir treffen uns im Land des Ewigen Winters! Da können wir dich doch sehen, ohne dass du deine Zauberkraft verlierst."

„Oh ja!" Wullemucks Miene hellte sich mit einem Schlag auf. „Dann gehen wir in den Wichtelwald und ich kann euch endlich ein paar Rentiere zeigen, damit ihr sie nicht mehr mit Elchen verwechselt."

Linni musste lachen und drückte den kleinen Wichtel an sich, so fest, wie sie auch Glöckchen immer im Arm hielt.

Wullemuck schnappte nach Luft. „Hu! Li...Linni!"

„Lass ihn los!", forderte Ole. „Wenn er erstickt, kann er uns nicht mehr nach Hause bringen."

„Tut mir leid", murmelte Linni und rückte Wullemucks verrutschte Zipfelmütze zurecht. „Geht's wieder?"

„Ich denke schon." Wullemuck atmete tief ein. „Also, seid ihr bereit? Ihr habt mich den ganzen Weg hierher getragen und jetzt trage ich euch zurück. Haltet euch an mir fest! Ich zähle bis drei."

Ole und Linni schauten sich ein letztes Mal um. Sie standen immer noch im Tannenkreis, mitten im Wandernden Dorf. Der Duft von Zimt und Schokolade zog an ihnen vorbei und in der Ferne war die Musik des Karussells zu hören, das auf dem Marktplatz seine Runden drehte. Sie standen mit ihren Füßen im Schnee, im Land des Ewigen Winters. Und nun sollten sie gleich wieder bei ihren Eltern sein? Ole und Linni konnten sich nicht vorstellen, wie das gehen sollte, aber nach allem, was sie auf ihrer Reise erlebt hatten, war wohl auch das möglich. Irgendwie ... Sie sahen die vielen bunt gekleideten Wichtel, die ihnen zuwinkten, und den Weihnachtsdichter, der immer noch zwischen den Bäumen stand und zum Abschied lächelnd seine Hand hob.
Wullemuck fing an zu zählen.
„Eins ... zwei ... drei ... *schnipp!*"
Auf einmal wurde es dunkel.
Ole und Linni kam es vor, als würden sie durch ein schwarzes Loch in die Tiefe gezogen. Oder in die Höhe? Sie wirbelten herum und wussten nicht mehr, wo oben und wo unten war. Sie wussten nur, dass sie sich festhalten mussten. Festhalten an den kleinen Armen des Weihnachtswichtels, der sie mit seiner magischen Kraft durch Raum und Zeit führte und plötzlich verschwand. Ole und Linni spürten wieder festen Boden unter ihren Füßen. Einen Boden aus alten Holzdielen.
„Wo sind wir?", fragte Linni, denn um sie herum war es immer noch dunkel. Nur ein schwacher Lichtschein drang durch einen Spalt zu ihnen herein.

Ole öffnete die Tür und sie sahen, dass sie wieder in Tante Alvas Haus waren. Der dunkle Raum war ihr Zimmer, in dem immer noch ihre beiden Betten standen, aber irgendjemand hatte ihre Sachen aufgeräumt und ihre Kleider zusammengelegt.

„Mama?“, fragte Linni vorsichtig. „Papa?“

Es fühlte sich alles so seltsam an. Seltsam verschwommen. Waren sie gerade wirklich noch im Wandernden Dorf gewesen? Oder hatten sie alles nur geträumt …?

Nein.

Nein! An ihren Schuhen klebte noch Schnee und dieser Schnee hinterließ nasse Spuren auf dem Flur, den sie nun entlanggingen, bis sie die Treppe erreichten. Von unten waren Stimmen zu hören.

„Mama?“, fragte Linni wieder.

„Papa? Hallo!“, rief Ole. „Wir sind wieder da!“

Plötzlich war aus dem

Wohnzimmer ein lauter Schlag zu hören, so als würde ein Möbelstück umfallen, ein Stuhl oder einer von Alvas Schlitten. Es folgten Schreie, polternde Schritte. Eine Tür wurde aufgerissen und Mama und Papa stürmten auf den Flur hinaus. Sie sahen ihre Kinder die Treppe herunterkommen und konnten es nicht fassen.

„OLE! LINNI! Wo seid ihr gewesen, wo kommt ihr her?“ Sie mussten gleichzeitig lachen und weinen und breiteten die Arme aus, um ihre Kinder aufzufangen und an sich zu drücken.

„Wir haben uns solche Sorgen gemacht“, schluchzte Mama. „Ihr wart einfach weg! Verschwunden! Mitten in der Nacht.“

Linni vergrub ihr Gesicht tief in dem Wollpullover ihrer Mutter. Wie schön weich er war und wie vertraut er roch. Mit einem Mal fühlte sie sich so glücklich und geborgen, dass sie nie wieder loslassen wollte.

Tante Alva lehnte am Türrahmen und lächelte. „Also, ich habe mir keine Sorgen gemacht“, sagte sie. „Ich wusste, dass Wullemuck gut auf euch aufpasst.“

Ole löste sich aus der Umarmung seines Vaters und wandte sich an seine Großtante. „Ach ja? Ehrlich gesagt mussten wir mehr auf IHN aufpassen.“

„Auf dem Hinweg“, sagte Linni. „Aber dafür hat Wullemuck uns wieder zurückgebracht.“

„Na, da bin ich aber froh! Ich werde ihm gleich morgen einen Brief schreiben und mich bedanken.“ Tante Alva zwinkerte ihnen zu. „Dann hattet ihr also eine schöne Zeit im Hexenhaus, ja?“

„Nicht nur im Hexenhaus“, sagte Ole. „Wir ... ähm ... waren noch etwas weiter weg.“

Alva horchte auf und zog sich ihren bunten Schal enger um die Schultern. „Weiter?“, fragte sie. „Wieso weiter, was meint ihr damit?“

„Na ja, weiter eben ... VIEL weiter.“ Ole grinste und sah Linni an, die sich nicht mehr zurückhalten konnte: „Wir waren im Wandernden Dorf!“

Tante Alva wich erschrocken zurück und schlug sich die Hand vor den Mund. „Nein ... Nein!“

„Ihr wart ... wo?“, fragte Papa.

„Im Wandernden Dorf?“ Mama runzelte die Stirn und Tante Alva schnappte nach Luft.

„Unmöglich! Das kann nicht sein.“

„*Kann nicht sein* ist ein Menschensatz, hat Wullemuck gesagt, den sollen wir uns abgewöhnen.“ Linni fing an, in Oles Rucksack zu kramen, und holte einen der goldenen Sterne heraus, um ihn Tante Alva zu geben. „Erkennst du ihn wieder? Du hattest doch mal so einen Stern. Draußen, an der Hauswand. Aber dann ist er weitergewandert."

Tante Alva nahm den Stern aus dem Tannenkreis mit zitternden Händen entgegen und versank für einen Moment in ehrfürchtigem Schweigen. Auch Papa kam näher und betrachtete den Stern.

„Er ist ganz warm", murmelte er, als er ihn mit der Hand berührte. „Und er sieht tatsächlich so aus wie der andere Stern … der an der Wand."

Tante Alva nickte und als sie wieder den Kopf hob, hatte sie Tränen in den Augen.

„Ihr müsst uns alles erzählen", sagte sie. „Alles."

Der schönste Weihnachtsabend

Es fühlte sich an wie Weihnachten, obwohl es bis zum echten Fest noch eine Weile dauerte. Aber die Freude über das Wiedersehen erfüllte den ganzen Raum. Es gab duftenden Punsch und Kekse. Im Kamin flackerte ein warmes Feuer und zwischen bunten Kugeln glänzte der goldene Stern, den Tante Alva sofort aufgehängt hatte. Ole und Linni saßen zwischen Wolldecken auf dem Sofa und hörten gar nicht mehr auf zu reden. Sie erzählten Alva und ihren Eltern alles: von ihrem Weg durch den Wald bis zum Hexenhaus, von ihrer Fahrt durch das Wurzelreich, von den Zwergen, den Schlaflosen und den Eistrollen. Sie erzählten von Schlittenstadt und dem Weißen Tal, von ihrem Flug mit dem Ballon und wie sie schließlich das Wandernde Dorf erreicht hatten. Ihre Eltern hörten ihnen gebannt zu, genau wie Alva, und ihr Staunen wuchs mit jedem weiteren Wort. Natürlich vergaßen Ole und Linni auch nicht, ihre Geschenke zu überreichen, so wie sich das an einem Weihnachtsabend wie diesem gehört: Ihre Mutter bekam die Schneekugel der Bildsammlerin und sie betrachtete gerührt die tanzenden Kinder darin.

„Und das seid wirklich ihr?“, fragte sie. „Diese kleinen Figuren?“

„Ja, sieh dir doch die Jacken an! Und da schaut sogar Glöckchen heraus.“ Linni zeigte auf das winzige Rentier in der Kugel und Mama lächelte.

„Das ist wirklich das schönste Geschenk, das ich je bekommen habe.“ Sie umarmte ihre Kinder und legte die Schneekugel den ganzen Abend nicht mehr aus den Händen.

Auch Papa nahm seine tannengrüne Schachtel mit der Schleife dankbar entgegen. „Für mich?“

„Ja“, sagte Ole. „Damit du dich wieder erinnerst.“

Papa runzelte die Stirn, weil er nicht wusste, was ihn erwartete, doch als er den Deckel der Schachtel anhob, verschlug es ihm die Sprache. Er sah auf die Lebkuchen hinunter, viereckig mit einem goldenen Stern. Vorsichtig nahm er einen heraus. Zuerst roch er daran, dann biss er ein Stück ab und schloss die Augen.

„Runa“, murmelte er. „Runas Lebkuchen.“

Ole und Linni klatschten sich ab. „Ha! Er weiß es wieder.“

Ihr Vater öffnete die Augen. „Nein. So ist das nicht, ich wusste es immer. Ich ... Ich erinnere mich an Runa. Und an Wullemuck natürlich. Ich war mit ihm im Hexenhaus! Aber damals war ich noch jünger als ihr und keiner hat mir geglaubt. *Siggi, das war nur ein Traum*, haben meine Eltern immer gesagt und in der Schule haben sie mich ausgelacht. Irgendwann hab ich es selbst nicht mehr geglaubt. Und ich bin richtig wütend auf dich geworden, Alva, weil du mir ständig diese Geschichten erzählt hast! Von Hexen und Wichteln ... Geschichten, die doch alle nur erfunden waren. Ich wollte das einfach nicht mehr hören.“

„Und dann hast du angefangen zu vergessen“, sagte Alva.

Papa schüttelte den Kopf und strich gedankenverloren über die grüne Schachtel, die er in den Händen hielt. „Ich habe es nicht vergessen – nur verdrängt.“

„Und jetzt ist es wieder da?“, fragte Linni.

„Nicht alles“, sagte Papa. „Aber wenn ihr weitererzählt, dann kommen bestimmt noch ein paar Erinnerungen zurück.“ Er lächelte und aß den Rest seines angebissenen Lebkuchens auf, doch die anderen Lebkuchen rührte er nicht an. Er atmete nur noch einmal den Duft ein, bevor er die Schachtel wieder schloss und seine Hand darauflegte, als behüte er einen wertvollen Schatz, während er weiter den Erzählungen seiner Kinder lauschte.

Es wurde der schönste Weihnachtsabend, den sie je miteinander verbracht hatten. Denn die Reise zum Wandernden Dorf hatte Ole und Linni so viele wunderbare Erlebnisse geschenkt, dass sie es auf einmal ganz deutlich und unverkennbar spürten: das Glück in ihrem Herzen. Dort saß es – und nichts und niemand konnte es an diesem Abend vertreiben.

„Jetzt wird es aber Zeit", sagte Mama irgendwann, als die Zeiger der alten Wanduhr schon an Mitternacht vorbeigewandert waren. „Ab ins Bett! Ich bringe euch nach oben."

Auch Papa trat mit ihnen zusammen auf den Flur hinaus, aber am Fuß der Treppe blieb er plötzlich stehen. „Ähm, ich sag euch schon mal hier Gute Nacht, ja? Ich muss noch was erledigen."

Mama sah ihn überrascht an. „Was, jetzt?"

„Es ist wichtig."

„Na gut, wenn du meinst." Mama brachte Ole und Linni nach oben und wartete, bis sie ihre Zähne geputzt und sich umgezogen hatten, dann gab sie jedem einen Kuss auf die Stirn. Sie ließ die Tür einen Spalt weit offen. Vom Flur drang noch etwas Licht in das Zimmer und Schatten huschten über die Wand.

„Was Papa wohl gerade macht?", fragte Linni in die Stille hinein.

Ole drehte sich zur Seite. „Ich glaube, ich weiß es."

„Wirklich?"

„Ja, komm! Wir schauen nach."

Sie schlugen ihre Decken zurück und schlichen zur Treppe, um hinunter ins Erdgeschoss sehen zu können. Und da entdeckten sie ihn: ihren Vater. Er saß auf dem Boden, an die alte Truhe gelehnt. Auf den ersten Blick wirkte es, als würde er mit sich selbst sprechen. Aber das tat er nicht. Er sprach mit der Wichteltür.

Ole und Linni stießen sich an und unterdrückten ein Lachen. Dann nickten sie einander zu, drehten sich wieder um und schlichen leise, sehr leise zurück in ihr Zimmer. Denn wenn ihr Vater schon mal mit einer Wichteltür redete, dann wollten sie ihn nicht dabei stören …

EPILOG

Ein paar Tage später und viele Hundert Kilometer entfernt, in einem Land der wechselnden Jahreszeiten, ging eine Frau eine Straße entlang. Es war kalt. So kalt, dass auf den Scheiben der parkenden Autos Eiskristalle wuchsen und die Frau sich ärgerte, dass sie ihre Handschuhe vergessen hatte. Sie trug eine Tasche mit Weihnachtseinkäufen über der Schulter und suchte gerade nach ihrem Schlüssel, als sie vor ihrem Haus etwas entdeckte: Auf dem Boden lag eine Schriftrolle. Ein altes Pergamentpapier, das mit einer roten Schleife zusammengebunden war. Ob das jemand verloren hatte? Die Frau sah sich um, aber als sie niemanden entdeckte, hob sie die Schriftrolle auf und öffnete sie. „Es ist die Weihnacht", las sie und erkannte überrascht, dass es sich um ein Gedicht handelte. Seltsam. Warum lag hier ein Gedicht auf der Straße?

Die Worte waren mit Tinte und Feder geschrieben, in einer kunstvoll geschwungenen Schrift. Doch was das Erstaunlichste war: Das Papier schimmerte golden und fühlte sich ganz warm an, obwohl der Brief draußen in der Kälte gelegen hatte.

Wie konnte das sein?

Die Frau las das Gedicht. Einmal, zweimal ... Sie fand es schön, aber sie fragte sich, wer der Autor war. *Magnus Monk*, stand am unteren Rand des Papiers, *Weihnachtsdichter aus dem Wandernden Dorf. Im Land des Ewigen Winters.*

Von einem solchen Land hatte die Frau noch nie gehört. Und was war überhaupt ein Wanderndes Dorf? Ein Dorf, das wanderte, von Ort zu Ort? Das konnte unmöglich sein. Oder doch? Die Finger der Frau begannen zu kribbeln und wurden auf einmal so warm wie der Brief, den sie in den Händen hielt. Die wenigen Zeilen auf dem Papier hatten gereicht, um sie neugierig zu machen. Und so ging sie ins Haus und nahm sich vor, gleich nachzuforschen, was es mit dieser geheimnisvollen Botschaft auf sich hatte. *Vielleicht finde ich ja diesen Dichter,* dachte sie. *Und vielleicht finde ich auch dieses Dorf ...*

... und das habe ich.
Obwohl es eine Weile gedauert hat, das gebe ich zu.
Für die Zwergenbahn war ich leider zu groß, deshalb musste ich andere Wege gehen – auch einige Umwege –, aber irgendwann bin ich im Wandernden Dorf angekommen und habe tatsächlich den Weihnachtsdichter getroffen.
Er hat mir die Geschichte von Wullemuck und seinen Freunden erzählt und diese Geschichte hat mir so gut gefallen, dass ich sie aufgeschrieben habe.
Hier in diesem Buch.
Nun bleiben nur noch zwei Dinge zu tun:
Zum einen danke ich dem Wind, dass er den Brief des Weihnachtsdichters ausgerechnet in die Nähe meines Hauses geweht hat, denn sonst hätte ich wohl nie von dem Land des Ewigen Winters erfahren.
Und zum anderen wünsche ich euch, meinen lieben Leserinnen und Lesern, von Herzen: FROHE WEIHNACHTEN!

Carolin Jelden

© privat

Carolin Jelden studierte ein paar Jahre Literatur- und Theaterwissenschaften, wechselte dann zur Pädagogik und wurde Erzieherin. Für ihre Arbeit mit Kindern braucht sie jeden Tag starke Nerven, gute Ideen und viel Fantasie – dieselben Eigenschaften, die ihr auch beim Schreiben helfen. Die Autorin lebt mit ihrer Familie in München.

Danksagung

Ich danke allen, die an der Entstehung dieses schönen Weihnachtsbuches beteiligt waren, und ganz besonders meiner Familie, die mich immer unterstützt. Danke an Stefan, den besten (nicht-magischen) Lebkuchenbäcker der Welt. Danke an meine Kinder, die zwar gerne streiten, aber sicher auch zusammenhalten, wenn ein Troll angreift – Seite 124 ist für euch! Danke an meine Schwester und meinen Schwager fürs Immer-da-Sein. Und danke an meine Eltern für all die wunderbaren Weihnachtstage in meiner Kindheit und die vielen Erinnerungen, die immer bleiben werden. C. J.

© privat

Martina Brancatos Liebe zur Kunst wurde in der Werkstatt ihres Großvaters geboren, wo sie viele Nachmittage damit verbrachte, Figuren zu erschaffen. In ihrer Tasche steckt immer ein Skizzenbuch, denn Inspirationen für ihre Bilder können überall auftauchen: bei Spaziergängen in der Stadt, in ihrem Lieblings-Secondhandladen oder in Gesprächen mit anderen Menschen. Martinas Zuhause ist das farbenfrohe Italien.

Wullemuck gibt es überall im Buchhandel und auf carlsen.de.

Mit Fragen zur Produktsicherheit bitte wenden an: carlsen.de/kontakt

Text: Carolin Jelden
Umschlag, Innenillustrationen: Martina Brancato
Umschlaggrafik: Niklas Schütte
Lektorat: Helen Oppen und Neele Bösche
Gestaltung, Satz und Produktionsmanagement: Annalena Weber und Constanze Hinz
Lithografie: Margit Dittes Media, Hamburg

ISBN 978-3-551-65321-5

Das Land des
Wichtelwald
Das Weiße Tal